Chromebook でつくる 小学校国語の授業

石丸憲一・正木友則・上山伸幸 著

明治図書

はじめに

　PC の本来の使い道は，思考を助ける，あるいは思考から表現までのプロセスをつなげるものであり，そういった使い方をしようとするなら，常に１人１台の環境があること＝パーソナルであることが，PC 等を授業で効果的に使うための最低条件となりますが，そうなってはいませんでした。そんな状況が，2020年のコロナ禍によって一気に改善されたことは，誰もが認めるところでしょう。臨時休校によるオンライン授業などを経験したことで，１人１台の必要性が認知され，急速に１人１台のタブレット配備が喫緊の課題となって，日本中の学校，子供たちに行き渡ることになったのです。

　このことは，配備する側にとっては一つのゴールかもしれませんが，配備された側にとってはスタートです。まずは，どこに置けばよいか，充電はどうするか，アップデートは誰がするかなど管理面について考えなければなりません。それが済んだら，研修はどうするか，どの教科，領域で使うか，どういうアプリを使うか，子供たちが使いこなせるようにするにはどうするかなどの学習指導面についても考えなければならないのです。しかも，これまで，子供たちや教師が慣れ親しんできた Windows の PC を使うわけではなく，タブレットを使うのです。著者も含め，多くの人がタブレットは PC の廉価版で，機能は PC に準じたものであると考えていたと思います。例えば，本書が取り上げた Chromebook でいえば，OS は Windows ではなく，Google Chrome です。そういう OS を使わなければならないこと自体が青天の霹靂でしょう。まさに，ゼロからのスタートです。

　教師のほとんどは「素人」であり，「素人」が「ド素人」＝子供に教えるという状況です。そういう状況で，教師はどうするでしょうか。まずは子供たちの情報スキルを高めることに徹するのです。それも，総合的な学習の時間とか学級活動といった教科に食い込まないような時間を使うか，教科の時間を使ったとしても単元を詰めて生じた隙間時間を使って行われます。それはそれで子供たちの情報スキルは上がるので，無駄にはならないのですが，あくまで「タブレットを教える」レベルです。しかし，PC やタブレットが

思考のための道具であることを踏まえると，考えるために使ってこそであり，「タブレットで教える」域を目指すことで，1人1台が生きるのです。

　「タブレットで教える」を基本的なスタンスにすると，教科の授業にどう取り入れたらよいかを考えずにはいられなくなります。タブレットが道具であれば，練習ばかりでなく，実際に使いこなして初めて真価を発揮するし，これまで目指しても到達できなかった授業を実現できるかもしれません。

　国語の授業は難しいですね。努力してもなかなか上達しないという方も多いでしょう。だからこそ，タブレットを積極的に取り入れるという新しいチャレンジによって国語の授業をレベルアップできるのではと考えました。基になる指導案は，これまでに著者や仲間たちが練り上げたものを取り上げ，そこにいかにタブレットを有効に取り入れるかを考えました。そして，その提案をより実践に役立つものにするために，本書では Chromebook に絞ることにしました。そして，活用する機能，アプリも特別な人にしか使えないものではなく，標準装備のアプリをフル活用することを目指しました。

　本書をきっかけにし，学校現場で Chromebook を通してより楽しく質の高い国語の授業が実践されることを願っています。

2021年9月　　　　　　　　　　　　　　　　　　　　　　　著者一同

目　次

CHAPTER 1
Chromebook を活用した国語授業

1 国語科に Chromebook を導入する

国語授業にタブレットは必要か

　Chromebook が学校に導入されるとして，そもそも国語科にも取り入れていく必要はあるのだろうか。以前から，算数・数学や理科，社会に取り入れた報告はときどき見ることができたが，国語科で見ることはほとんどなかった。

　PC やタブレットは単なる記憶のための媒体ではなく，使う人の思考そのものとなる可能性をもった道具であり媒体である。そうであれば，他教科と同等か，あるいはそれ以上に考えることを求める授業を国語科でするとしたら，PC やタブレット，特に本書で扱う Chromebook の活躍する可能性は大いにあるといえる。ただし，国語科では取り入れにくいとか，目に見える効果を生み出しにくいとかいうハードルがあることは想像に難くない。なぜなら，「国語には正解がない」「国語は曖昧だ」などとしばしばいわれる中で，明確な答えを出すための電子頭脳をどのように使えば曖昧な世界を認めていけるかを考えるのは非情に難しいことだからだ。

　一つの正解がない，答えが曖昧であることは，これまではどちらかというとマイナス方向での評価の言葉だったが，私たちの言葉の世界＝人との言葉のやりとりや文学性という名の曖昧な意味づけを考えると，それはむしろプラス方向の評価の言葉であると考えたい。そして，重要なことは曖昧さを明確なものにすることであり，そこに Chromebook の活躍する領域をつくり出せばよいのである。

国語科とタブレットの相性

　私たちのこれまでの国語授業を振り返ってみてほしい。どういうところで困っていたか。子供にうまく考えをもたせられない。子供がよい考えをもっていても，表現できない。子供から考えをうまく引き出してやれない。子供たちの話し合いが長続きしない。わかっている子供とそうでない子供の差が大きい。などである。既に「永遠の課題」になりつつある問題ばかりだが，

多くの学級でうまくいっていないのなら，根本的にやり方を変えれば解決できるかもしれない。その変えるきっかけを Chromebook でつくれるとしたらどうだろう。

〈教師⇔子供〉の直接的な関係で成り立っていたこれまでの教室に，直接的な関係に加えて〈教師⇔（Chromebook）⇔子供〉，〈子供⇔（Chromebook）⇔子供〉という間接的な関係をつくり出すことで，少なくとも次の三つのことができるようになると考える。

◎ 見えないものを見えるようにする

教師は机間指導により，子供のノートを見ることで，全ての子供の考えていることを知ることは一応できる。しかし，子供たちは，多少の仲間の考えを知ることはできるが，全ての子供の考えを知ることは難しい。しかし，Chromebook を使えば，一瞬にして学級内の全ての子供の考えを一覧にし，しかもそれを閲覧できる。まさに，見えないものが見えるようになるのである。ここまでは Chromebook という道具によって可能となる。

それだけでも大きな進歩であるが，深みを目指すにはここからが教師としての腕の見せどころとなる。そのデータを考えるための素材にするためにどうするのかは，機械の操作の問題ではなく，教師のアイデアの問題である。教師が Chromebook とコラボレーションしようとする姿勢が必要となる。

◎ 表現できないことをできるようにする

発問をした後で，「まず自分の考えをノートに書いてみましょう」という指示を出すことは多い。しかし，自分の思っていることを表現できずに終わる子供もそれなりに存在する。多くの場合，そういう子供に足りないのは，思い切り，開き直りである。とりあえず書いてみようとする気持ちが起きればそれなりに書けるようになっていく。数分後には公開しなければならないからだ。「見えないものが見える」ということは，「見せたくないものも見せなければならない」ということなのである。これを逆手に取れば，なかなか書き始められない子供たちも書かざるをえなくなる。また，活字，付箋といった電子媒体の要素の方が紙媒体よりもとっつきやすいという子供も多いだ

ろう。そうして書いているうちに，見てもらうのが楽しくなり，積極的に書くようになる。Chromebook は環境であるが，新しい環境をつくるものでもある。

◎わかりにくいことをわかりやすくする

　子供たちから出された考えを基に活発な話し合いをさせたいとどの教師も考えているが，なかなかできず，結局考えを出し合って話し合いが終わりになる。このことを課題としている教師がとにかく多い。時間を取って話し合わせてもどうにもならないのだ。それは，子供たちが出された考えを分析できていないからだ。Chromebook，例えば Google Jamboard で子供たちの考えを一覧にし，それをグループで共有し，分類したり，比較したりすることを協働という形で行うと，少しずつ出された考えを分析し，それをさらに高めていくことができるようになる。Chromebook があるからできることであり，これまでにやりたかったことを Chromebook で可能にすることになる。

Chromebook でできること

　Chromebook の特長として付属のアプリが豊富で，ネット環境さえ整っていれば，すぐにいろいろなことができることが挙げられる。それぞれのアプリが，国語授業を想定したときに，生かせる機能を探ってみる。

◎Google ドキュメント，Google スプレッドシート，Google スライド

　Microsoft Office でいえば，それぞれ Word，Excel，PowerPoint と同等の機能をもっているが，個別の作業だけでなく，複数人，つまりグループなどでの共同編集が同時に可能である。「書くこと」の授業で，ドキュメントを使って例に挙げた文章をグループで推敲したり，スライドを使ってプレゼン資料を共同作業で作成したりということができるのだ。

◎Google Classroom

　どちらかといえば学級経営において様々な管理ツールとして使うことを想定されていることが多いが，課題提示や提出された課題の管理の機能を授業に生かすことが考えられる。Jamboard やフォームは短めの反応を出させて，それを集約，分析することを得意としていると思うが，Classroom では，長

文などを提出させて，それを共有し，互いに評価し合ったりコメントしあったりすることができるので，しっかりと表現に結びつけた段階で活用することでよさを生かすことができるだろう。

◎Jamboard

　授業で子供たちの考えを交流したり，それを基に話し合いを展開したりすることを考えたときに，最も活躍するのが Jamboard だろう。基本的には，考えたことを付箋に書いて貼り付けていくものである。それだけでも十分有効ではあるが，貼り付ける前に真ん中あるいは十字に線を引いておいて，自分の考えがどこに位置するかを考えて貼り付けさせるなどすることで，簡単にメタ認知を促すことができる。また，思考ツールを活用して，分類させたうえで考察させることも，これまでノートに書かせたものを基に行うよりもはるかに簡単で効果的にできるようになる。

◎Google フォーム

　既に日常生活の様々な場面でフォームは活用されており，最も身近なアプリだといえる。教師側からすると，子供たちの考えをアンケート調査形式で簡単に収集し整理し分析できる。単元に入る前に，事前アンケートとして利用し，実態をつかんだり，授業中に考えの散らばりを把握したり子供たちに見せたりすることもできる。また，授業終わりに振り返りをするツールとしても有効である。一歩，子供側からの利用を考えると，子供たち自身が他の子供の考えをアンケートとして調べるためのツールとして，簡単で確実な方法として使うことができる。自分で情報を得ることにより，学びへのモチベーションが格段に高くなるが，このアプリはそれを実現しうるものである。

これまでの学習活動を Chromebook で置き換えよう

　重要なことは，以上に述べたような Chromebook の機能に積極的にこれまでやってきた学習活動をさせていくことである。特に，これまでうまくっていなかった活動について，Chromebook に置き換えることで子供たちのもつ可能性を引き出すことにつながるだろう。

2 「話すこと・聞くこと」と Chromebook

ICT の発展と「話すこと・聞くこと」の授業

　私たちの日々の生活において，話したり聞いたりする時間は思いのほか多い。同僚との打ち合わせ，友人や家族とのおしゃべりや悩み事の相談，テレビやラジオ番組の視聴など，日常生活においては書いたり読んだりする活動以上に話す・聞く活動を行っているといっても過言ではない。

　こうした日常の話す・聞く活動は，ICT の発展によりどのように変化しているのだろうか。講演や授業では，スライドを活用することでこれまで以上に効果的に聞き手へ情報を伝達することが可能となった。ビデオ会議システムを活用したオンラインでの話し合いにおいても，画面の共有機能によりトピックが可視化されたり，共同でドキュメントやホワイトボードを編集することができるようになったりするなど，これまでとは異なるコミュニケーションのとり方が生まれている。また，聞き方にも変化が見られる。講演やラジオを聴きながらインターネットで関連する情報を検索したり，チャットや SNS に意見を書き込んだりと，音声を聴きながら同時に別のチャンネルで情報をやりとりするコミュニケーションの形態が生まれてきている。ファシリテーショングラフィックのように，話し合いを「見える化」することにより参加者の考えを他者と共有する方法も考えられてきている。

　本書では，こうしたコミュニケーション環境の変化について，ICT は私たちのコミュニケーション様式の変容を迫るものではなく，これまでのコミュニケーションで試みてきたことを手助けしてくれる存在であると捉えながら，ICT を活用してどのような実践が開発できるかを考えてみたい。

Chromebook による「話すこと・聞くこと」の授業のアップデート

　この領域における Chromebook の活用方法としては，以下のような例が考えられる。表では，活用の目的と取り組みやすさを観点として，Chromebook で使用可能なツールを例示した（これは「話すこと・聞くこと」領域における活用例を網羅したものではなく，あくまで代表例である）。

表　目的に応じた Chromebook の活用方法と実践上の難易度

	難易度★	難易度★★	難易度★★★
話す内容 を集める	カメラ →伝えたい内容の 　写真を撮る	ネット検索 →ネット検索で情 　報を得る	フォーム →児童がアンケー 　トを実施する
効果的に 発表する	ファイル →画像を提示しな 　がら話す	ドキュメント →資料を提示しな 　がら話す	スライド →プレゼンテーシ 　ョンをつくる
話し合い で情報を 共有する	ブラウザ等 →画面を見せ合い 　ながら話す	Jamboard →付箋を使って情 　報を整理する	共同編集 →資料を共同でつ 　くりあげる
振り返り で記録を 分析する	ビデオ（Meet に よる録画を含む） →映像記録で振り 　返る	スクリーンキャプ チャ（＋録音） →画面＋音声記録 　で振り返る	音声認識機能 →音声入力で作成 　した文字化資料 　で振り返る

話す内容が「ない」状態に応える

◎話す内容を集める

　他教科における発表や話し合いは授業の目的に沿った必然性がある一方，取り立て指導である話すこと・聞くことの授業では切実感をもたせにくい。

　そのため，伝えたいという思いを抱くきっかけとなる「話す内容」を収集するツールとして Chromebook を活用したい。身近なものの写真を撮影したり，ネット検索により情報を集めたり，フォームを用いてアンケートを実施したりすれば，個々の児童の表現意欲を喚起することにつながる。

◎効果的に発表する

　従来，調べた内容を発表する場合には模造紙を使うことが多かった。ただし，割り付けを考え，下書きをしてから清書をするという活動に時間が取られ，肝心の話す活動が疎かになることもあった。また，スライドを作成する

ためにパソコンルームを使用する際も，PCの操作方法の説明から行う必要
があり，教師と児童の双方にとって負担が大きかった。

　しかし，各教科でのICTの活用が進めばスライドを1時間の授業内で作
成することも不可能ではなくなった。また，スライドを作成しないまでも，
ドキュメントで作成した資料を見せたり，トピックに関連する画像を提示し
たりするだけでも，聞き手へ訴えかける発表ができる。

話し合いの過程で思考が「わからない」状態に応える
◎話し合いで情報を共有する

　話し合いではそれぞれの主張から考えの背景に至るまで，多くの情報がや
りとりされる。そうした情報を可視化できれば，話し合い過程での認知的な
負荷が軽減されるだけでなく，話し合いのテーマから逸れにくくなったり，
途中や終了後に話し合った内容について確認したりすることも可能となる。

　個人でChromebookにメモをとるだけでもよいが，中学年以降の話し合
い（特にペアやグループでの）活動ではJamboardを積極的に活用したい。

　JamboardはChromebookですぐに使用可能なオンラインホワイトボード
アプリであり，既に各教科の学習においても活用されている。こうした現状
を踏まえれば，「話すこと・聞くこと」の授業においても話し合いを充実さ
せるためのツールの活用方法について積極的に指導したい。

振り返る対象が「見えない」状態に応える
◎振り返りで記録を分析する

　国語科における話し言葉の教育は，児童が自らの話す・聞く活動を見つめ
直し，具体的にどのような点に気をつけるとよいかをメタ認知し，次の活動
を改善することを目的にする必要がある。

　ただし，メタ認知を重視した指導はこれまで十分であったとは言い難い。
要因の一つは，音声言語が即時的に消えてしまうという特性を備えている点
にある。スピーチや話し合いの後に振り返ろうとしても，何らかの記録がな
ければ振り返りは記憶に頼った抽象的なものになり，具体的な話し方や話し
合い方のメタ認知が難しい（上山，2021）。これまでにも一部の実践では，

ICレコーダーやそれを用いて文字起こしした資料，さらにはビデオカメラを活用した児童の振り返り活動のための教材開発が試みられているが，機材の台数が限られていたり，設置や記録の教材化にかかる負担があったりするなどの影響もあり，定着していなかった。

　しかし，この度のGIGAスクール構想により1人1台の環境が実現したことで，児童全員が「ビデオカメラ」をもっている状況が生まれた。スピーチやプレゼンテーション，話し合い活動における自分の様子を「映像」で振り返る活動が，これまでよりも実施しやすくなったことの意味は大きい。

　また，Chromebookに標準的に備わっている「スクリーンキャプチャ」という機能を使えば，Jamboardの画面と音声を合わせて記録することができる。「音声」による振り返りは，表情等の情報が削ぎ落とされているため，話し合いの論展開や発言の分析に集中しやすくなる効果が期待できる。

　さらに，音声認識技術の発展に伴い，話し合いを「文字化」する実践を行いやすい状況が生まれてきている。実際にドキュメントの音声入力機能を活用した中学校における話し合いの文字化の実践も既に試みられている（森谷，2021）。そこでは，ドキュメントを開き，マイクボタンを押した状態で話し，「発言者の交替時に改行する」ことにより生徒が記録を作成している。ただし，話し合いながら操作する必要がある点が課題であるとされており，本書が対象とする小学校段階においては認知的負荷が高い。こうしたことから，「話すこと・聞くこと」の中学年の授業プランでは，教師が教材開発をする際に音声認識機能を活用する案を示している（p.53参照）。話し合いの即時的な文字起こしアプリは，この数年でさらに充実することが予想されるため，こうした発展に合わせて実践のアップデートも続けたい。

参考文献

卜山伸幸『小学校国語科における話し合い学習指導論の構築—メタ認知を促す授業とカリキュラムの開発をめざして—』（溪水社，2021年）

森谷剛「「話し合い」の記録—Googleドキュメント音声入力の活用—」『月刊国語教育研究』No.586，（2021年），pp.20-21

3 「書くこと」と Chromebook

「書くこと」に Chromebook を取り入れるとどうなる？

　「表現できないことをできるようにする」という効果が Chromebook には あると前述した通り，「書くこと」の学習だけでなく，他の領域，あるいは どの教科でも何らかの書くという作業をするうえで Chromebook は子供た ちの学習を活性化することになるだろう。その中でも，「書くこと」に特に 働くよさとは何だろう。

　「書くこと」の学習は，単に書く＝記述するだけの学習ではない。題材を 設定し，情報収集し，構成を経て記述となるのであり，記述の後半には推敲 という作業があり，脱稿すれば共有し合うことになる。つまり，記述の前に はひたすら考える学習が，記述の後には互いに評価し合う学習があり，それ ぞれで Chromebook を有効に使うことで，これまでの「書くこと」の学習 を超えることができるだろう。「書くこと」は最終的には個の作業に任せら れるのであるが，Chromebook をはじめとするタブレットの得意とする共同 編集機能，つまり協働性を積極的に取り入れることがそのポイントである。 一人ではできなかったこと，広げられなかったことを協働により，より深く 多様な考えにつなげることで，「書くこと」をより充実した学習にすること が可能となるだろう。

「書くこと」の学習活動を Chromebook に置き換える

　学習活動を Chromebook で置き換えるとはいっても，漠然と考えていて も全くアイデアは浮かばない。要は，できるだけ具体化することである。ま ずは，「書くこと」の学習でどのような活動をしているかをできるだけ細か く書き出してみる。その一つ一つについて，Chromebook があったらどのよ うに展開できるかを考えていくのである。

　次の表のようにまとめると，改善する学習活動とその改善のために取り入 れるべき手法が明確になる（「書くこと」の学習に対して，特に有効な活用 例を◎で記した）。

表　「書くこと」の学習活動と Chromebook の機能の活用例

学習活動	ドキュメント,スプレッドシート，スライド	Classroom	Jamboard	フォーム
題材のアイデアを出し合う	○撮影した画像をドキュメントに貼り付け，ヒントを書き込み合う		◎アイデアを付箋に書いてボードに貼る	○アンケート形式でアイデアを出す
題材を選ぶ・決める		◎ドキュメントなどを共有しアドバイスをする	◎付箋を整理し，最も興味のあるものを選ぶ	
構想を練る	○ドキュメントなどで考えを表す		◎イメージマップ風に広げる	
構想を交流する	◎スライドでプレゼンし合う	○構想メモを共有し，アドバイスをする	◎ボードを基に意見を出し合う	
情報収集する	○ドキュメント・スライドに情報を貼り付けていく	○素材をドライブフォルダに入れておき，閲覧する		○他の人の考えていることをアンケートで聞く
情報を整理し選択する	◎スライドで１トピック１枚にまとめ選択する		◎ボード上で付箋を移動しながら選択する	
構成のアイデアを練る	○ドキュメントにメモし，紹介し合う	◎アイデアを共有し，アドバイスをする	◎ボードで付箋を整理し考えをまとめる	

構成する	◎スライドを並べ換え，見出しを考える		◎付箋のまとまりを作り見出しを付ける	
構成を踏まえ記述する	◎ドキュメントで記述する	○書きながら読み合って感想を交換する		
表現の効果を考え工夫する		◎文章を共有し，読み合ってアドバイス		
推敲し，清書（修正）する	○ドキュメント上で相互推敲，修正する	◎共有し，相互推敲する		
読み合って感想を伝え合う		◎文章を共有し，読み合って感想を伝え合う	○感想を付箋に書き貼り付ける	
読み合ってテーマを決めて話し合う		◎文章を共有し，読み合ってテーマを出し合う	○考えたことを付箋に書いて貼り，意見をまとめる	
相互評価する		◎読み合って，示された観点で評価する		○項目を決めて評価し合う

単元の構想に生かす

　以上に挙げたような Chromebook の機能は，無目的に使っても十分な効果を発揮することはできない。「書くこと」のそれぞれの学習活動について，これまでのアナログな学習の仕方よりも，デジタルな学習の仕方に変える方

がより効果があると考えられるところにピンポイントに取り入れることが重要である。

　例えば，中学年で見学の依頼文を書く学習で考えてみよう。総合的な学習の時間の見学のための依頼状をグループで書くという設定である。単元計画としては，①モデル文を読み，依頼文を書く目的を捉える，②依頼文の書き方を知る，③依頼文の構成を考える，④実際に書いてみる，⑤読み合って修正する，というのが一般的なものだろう。記述をドキュメントで，といった取り入れ方をすれば全ての時間に導入できるが，その中でも特に効果的な取り入れ方をするとしたら，①モデル文を読み，依頼文を書く目的を捉える，③依頼文の構成を考えるという2時間である。

　①モデル文を読み，依頼文を書く目的を捉える時間では，アナログな授業では，教科書のモデル文を読み，「こういう文章を書くんだよ」程度の案内で，児童が書く依頼文の内容に入っていく。しかし，ここでJamboardを使い，依頼文を書くことのよさを付箋に書き貼っていく。依頼文にある目的意識や相手意識をしっかり意識させることで，自分たちが書く依頼文に責任をもち，質を高めることにつながるのである。

　さらに，貼り付けた付箋をいくつかのまとまりに整理することで，どのような依頼文が自分たちの思いを伝えるのに相応しいかを考えることにもつながる。

　③依頼文の構成を考える時間では，まず，Jamboardを使い，各自が考える依頼文に必要な事柄について付箋を貼り話し合うことで，考えを交流する。その付箋をグルーピングし，文章にする順を考えて番号を付けていくことで互いが納得し合い，分担して記述するための構成とすることができる。

　これらの学習活動は，アナログでも可能だと思うが，書き込んだり共有したりするうえでのタイムラグがタブレットを使うことで大幅に短縮でき，児童の思考の連続を妨げる要因を減らすことにつながるのである。

4 「読むこと」と Chromebook

「読むこと」の授業と Chromebook

　タブレット（Chromebook）を児童の学びを深めるための道具と捉えたときに，これまで多くの先行研究や実践が蓄積されてきた読むことの授業はどのように開かれるだろうか。国語科授業の特性は，「考える」ことを核に，話す・聞く・書く・読むといった言語活動が関わり合うところにある。「読む」ことに焦点を当てれば，その授業は教材（文章）を「読む」行為だけに留まらず，感想や考え，問いをノート等に書くことから，他の児童と交流することまで関わり合う。本稿では，こうした特性を視野に入れつつも，「読むことと Chromebook という道具（Technology）の関係」に焦点化し，「情報（Information）を検索する道具」と「交流（Communication）を促す共有の道具」という視座から議論する。

「読むこと」の授業と〈検索〉

◎〈検索〉の特性

　タブレットや PC の検索機能が可能にするのは，（ア）画像・動画へのアクセス，（イ）説明へのアクセス，（ウ）資料・データへのアクセスである。こうした画像・動画や説明，資料・データへのアクセスを行うためには，検索をかけるための語・言葉・観点の設定が必要となる。私たちが検索をかけるときには例えば「明日　広島　天気」と〈検索ワード〉をスマートフォンや PC に入力する。このとき，自分がどのような情報を求めているのかについて自覚的であり，得たい検索結果が出なければ，その情報が得られるように〈検索ワード〉を再考し，検索を行う。検索結果の中から，信頼できる情報を取捨選択し，情報を得るという過程である。天気の検索ではなく，教師が「やまなし」の教材研究を進める場合の検索はどうだろうか。どの情報源が信頼できるのか，教科書会社のホームページであるのか，論文であるのか，それとも個人のサイトであるのかの判断が求められる。検索すれば様々な情報に触れることができる時代になったが，必要な知識・情報を得るためには

何が必要で，どのような方法がよいのか，どのようなことに注意すべきであるかということを理解しておく必要がある。未来を生きる児童にとって，こうした思考・判断する場面を設定することも求められる。〈検索する〉ことは「探究活動の方法」の一つであり，方法の意識化・自覚化が必要になる。

◎「わかる」の違い―読むことと検索すること

　情報を〈検索する〉ことへの着目は，読むことの授業のあり方を見つめ直す契機となる。渋谷孝は，文学および説明文の読むことの授業で「既得の体験的知識や考え方によって，裏付けが出来ている言葉や文章を基にして，未知の言葉，文章の意味を想像または類推」[1]することの重要性を指摘した。説明文の授業を例にすれば，「説明されていること（題材）について理解する」ことと，「説明文を読むことで，題材について理解する」ことは異なるということである。「読む」という行為を形づくる一つの側面が，類推・想像という意味での〈読み〉にあるとすれば，授業を構想する際には，Chromebookという道具によって容易にアクセスできる（アクセスできてしまう）情報群と児童とを，いつ（順序），どのように（方法）出会わせるのかが鍵になる。

　「ビーバーの大工事」（東京書籍2年）は，ビーバーの生態とダムを用いた巣作りについて説明されたものである。説明文の授業で大切にしたいことは，児童がChromebookで「ビーバー　ダム　すづくり」と検索し，その画像や動画を見ることではなく，ビーバーそのものや，ダム，巣を実際に見たことのない小学校2年生の児童が，教材の記述と，既有知識や経験とを結びつけながら，想像・類推することである。「わからないこと」をすぐに検索するのは，新たな「わかったつもり」を生んでしまうことになる。

◎「教材からの離陸」と辞典類の活用

　では，読むことの授業とタブレット（Chromebook）による検索行為との関わりをどのように捉えたらよいのだろうか。「主体的な読み手＝〈読者〉」に育てるという視点から捉えたとき，中洌正堯の「辞典類の活用」に関する論考は示唆に富む[2]。中洌は，「〈読者〉に育てる」ための実践的方略として，「教材からの離陸」に着目する。「教材からの離陸」とは「教材に対して，読

み手の経験や既有知識に照らしつつ，どういう意味か，なぜこの表現かといった問い」に始まるもので，「辞典類の活用」を通して，「教材に使われている言葉の意味と辞典類の情報との差異に気づく」ことである。ここでいう辞典類とは「国語辞典，漢字辞典，図鑑，**デジタル教材**，**インターネット**，新聞，既習教材等」のことであり，〈検索〉は，「教材からの離陸」を豊かにするために行われるものと捉えることができる。

◎ イメージ化と〈検索する〉こと

「ビーバーの大工事」の記述に，「するどくて大きい歯は，まるで，大工さんのつかうのみのようです」とある。この「のみ」というのは，筆者が読者に対してビーバーの歯の鋭さを伝えるための工夫の跡であるが，現代の児童の生活経験に鑑みると，日常生活で「のみ」を自分で使うことや，大工が使う姿を見ることは稀であろう。この比喩（筆者の工夫）は，小学校2年生の児童にとっては，わかったつもりで読み飛ばしてしまう可能性が高い。こうした教材の特性に応じて，「ビーバーの歯はどのくらい鋭いのだろう」と問い，「のみ」の存在に気づかせ，問いをもたせることは大切である。表層的な読みに留まらず，イメージ化の一助として映像を活用することは，限られた紙幅ではどうしても筆者の説明が不足している箇所や，筆者の工夫が成功していない箇所を超えて，よりよい理解を促すことにつながるだろう[3]。

　また，宮崎清孝は，他者理解の方法として，「他者の心情を理解するにあたって，まずその他者が彼のまわりの世界についてもっているであろう彼から見た〈見え〉を生成」する「〈見え〉先行方略」を挙げている[4]。読むという行為の側面が一つの「他者理解」にあるとすれば，深い他者理解を目指すうえで，「その事物，出来事が他者によってどのように見えているのか」を知る必要がある。Chromebook で〈検索〉し読むことの授業は，この「〈見え〉先行方略」と大きく関わる。例えば，文学教材「大造じいさんとガン」において，大造じいさんが残雪を捕らえる作戦を決行するときの心情理解である。「東の空が真っ赤に燃えて，朝が来ました」という一文の理解は，具体的な小屋の状況から，朝日・空の色，空気感，音など大造じいさんを取

り巻く状況をどれだけイメージ化できるかによって変わってくる。そして，「戦闘開始」という言葉と朝焼けの空と大造じいさんの心情とを関係づけることによって，より豊かに読むことができる。朝焼けを見たことのない（または，イメージが難しい）児童にとっても，画像検索によるイメージ化は理解の一助になると考えられる（詳細は授業プランを参照のこと）。

　〈検索する〉ことは，先述のように「辞典類の活用」の一つである。大切なことは，検索することが文章を読み，理解するための方法として位置づけられるかどうか，教材の「言葉」の意味や表現をより深く考える契機となるかどうかにある。仮説的ではあるが，読むことの授業で〈検索〉する際のポイントを列挙する。

A）児童が文章を読むことを通して，類推・想像する過程があるか。

B）〈検索〉することで類推・想像やイメージ化を促すものとなるか。

C）〈検索〉結果が児童にとって比較・検討するものとなっているか。

D）教師がどこまで児童の〈検索〉の足場となるか。

例）①教師が考える問いを出すor児童の問いを基に〈検索〉する。

　　②〈検索ワード〉を教師が示すor自力で〈検索ワード〉から考える。

　　③検索結果を教師が示し，比較・検討するor自力で行う。

E）検索結果から得られる情報の信頼度をどのように担保するか。

「読むこと」の授業と〈共有〉

　Chromebookで最も便利な機能の一つとしてJamboardがある。これまでの読むことの授業において，どのように「自分の考え（感想や問い，意見）」を他者と共有し，交流を通して学びを深めるのかが重要であり，困難なところでもあった。ワークシートや板書が今後なくなることは考えられないが，Jamboardという道具によって，ワークシートや板書では時間がかかってしまう，いまひとつ整理できないといった課題解決の一助となる。

　例えば，説明文の初読段階で，児童が問いをつくる場面が考えられる。次

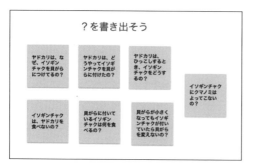

の画面「？を書き出そう」は，説明文教材「ヤドカリとイソギンチャク」（東京書籍4年）の①段落のみを読んだ後で，児童の問いを共有するという場面をJamboardで再現したものである[5]。他にも，新しく知ったこと＝黄色，感じたことや考えたこと＝ピンク色，疑問に思ったこと＝緑色の付箋に書くなどと決めておくと，児童にとっても教師にとっても整理され，初発の感想を後の学習活動に生かすことができる。

　また，画面「ごんはハッピー〜」は解釈の交流場面を再現したものである。「ごんぎつね」の最終場面において，「ごんはハッピーですか，アンハッピーですか」と問うたとき，児童の意見は大きく二つに割れるだろう[6]。これまでの授業では，児童の名前を記したマグネットを用いて，「ハッピー派」「アンハッピー派」を整理していたと思われる。確かに，誰がどの意見で，どのくらいの数であるかは整理されるが，この発問のねらいは，何人がどちらの意見であったかを明らかにするものではなく，物語世界の外側から，ごんの

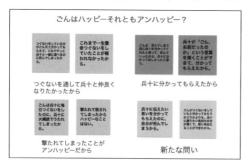

状況を眺めながら，なぜそのように考えたのかという理由を考えることにある。それは，同じ作品を読んでいても，児童によって根拠や理由づけが異なり，「ずれ」が生じるところに学習の価値が存在するからである。ハッピー派をピンク色，アンハッピー派を水色の付箋として，付箋に理由を書くことで，マグネットでの共有の限界を付箋で超え，教師にとっても児童にとっても難しかった理由の交流の整理を可能にする。授業展開によっては，新たな問いが生まれそうな意見を緑色に変えることもできる（授業プラン「大造じいさん

とガン」p.110参照)。

　交流することの〈よさ〉を実感するとともに，Jamboard という道具を用いることで，より「ごんぎつね」を深く読むことができるという〈よさ〉の実感を促したい。さらに発展的に，「どのように Jamboard を活用すると，より深く学ぶことができるのか」という学習方法を考えるといった活動を構想することができる。主体的な児童の育成を見据えたとき，「学習方法を皆で考え，選択する」という過程を視野に入れることができよう。

注(1)　渋谷孝『説明文教材の新しい教え方』（明治図書，1999年）p.63
注(2)　中洌正堯・吉川芳則編著『主体的な〈読者〉に育てる小学校国語科の授業づくり―辞典類による情報活用の実践的方略―』（明治図書，2016年）pp.3-21
注(3)　〈検索する〉ことがすべての説明文・文学の授業で学びを深めるわけでない。検索してもわからないという体験に出会うことによって，説明文や文学を読むことの価値に気づくという過程も重要である。詳細な議論が必要だが，紙幅の都合上，別の機会に譲ることにする。
注(4)　宮崎清孝・上野直樹『コレクション認知科学3　視点』（東京大学出版会，1985年※本稿は2008年新装版に依る）p.139
注(5)・(6)　それぞれ，次の文献に所収されている香月正登実践を参照した。長崎伸仁編著『表現力を鍛える説明文の授業』（明治図書，2008年）pp.89-103，長崎伸仁・石丸憲一編著『表現力を鍛える文学の授業』（明治図書，2009年）pp.61-76

Chromebook を活用した
授業の環境づくり

1　環境を整える

環境整備・第1段階／ハード面の整備

　タブレットに関する環境整備を段階的に捉えるとすると，児童・生徒の利用が始まるまでの第1段階と利用が開始されてからの第2段階，そして，授業への活用を考える第3段階に分けることができる。

　おそらく本書を執筆している2021年上半期は，学校現場の多くではタブレットに関わる環境整備の第1段階が終わり，第2段階に入っていることと思う。とはいえ，まだ配備が進まない自治体，学校もあるように聞いているが，そういう学校でもいずれ環境整備の第1段階，第2段階，第3段階と進んでいくことは間違いない。

　第1段階とは，導入されたタブレットをとりあえず使えるように準備する段階であり，おそらく序盤は教育委員会主導でアクションが起こり，中盤で教育委員会と学校の間での調整で事が進み，終盤は先生方（担当教師と情報支援員）がひたすら頑張るということだっただろう。つまり，第1段階はハードの整備に尽きる。この間の作業について，既に事後となっているものと思うが，主なものを挙げておく。

・セキュリティシステムの構築，管理場所の選定及び整備，充電やアップデート等の仕方，担当者等の詰めをする
・初期セッティングをする
・必要なアプリをインストールする
・校内での使用や持ち帰りに関する仕組みや約束を決める
・児童・生徒各自の端末にアカウントを割り振り，パスワードを設定する

　この段階で重要なことは，どの教師が情報担当となっても持続していけるようなシステムを構築することである。玄人はだしの教師がプロ好みの環境をつくってしまうと，その教師が異動などでいなくなったときに誰にもどう

にもできない状況が生じてしまう。持続可能な環境整備でよいのである。

環境整備・第２段階／校内での児童・生徒と教師の習熟

　何とか動くようになったタブレットを子供たちが動かせるようにする環境整備が第２段階である。ハード面の整備とセッティング等が終わると，いよいよ子供たちが入って実践と環境整備を並行して行う状況を迎える。これは，とにかく先生方が頑張るしかない。自分のパスワードを入力させようとしても，アルファベットも読めない子供にタブレットを立ち上がるようにさせ，アプリの使い方も知らない子供に実際の作業をさせるのだから，考えただけで気が遠くなる。持ち帰りか収納ボックスに置いておくかによっても指導の量，やり方が異なるから，自治体，学校によって実態に合わせて指導のあり方を検討しなければならない。そういう状況を経て，現在がある。

　導入初年度は，ほとんどの子供が全くの初心者であり，その子供たちにスイッチを入れパスワードを入力してタブレットを立ち上げることを教えるところから始めなければならない。こういった基礎中の基礎を指導することによって，初めて板状の箱が機能をもったタブレットになる。子供たちにとっては実践であるけれども，教師にとってはこれも環境整備なのである。おそらく次年度になれば，こういった指導は新入学の１年生だけが対象になるので，導入初年度は試練の年である。

　あくまでも基礎的，準備的な作業ではあるが，これを繰り返すことで，教科の学習時に，ファイルを抵抗なく開いたり，テキスト入力をキーボードで行えるようになるなどのスキルを身につけることにつながる。面倒だからと使用を控えるのでなく，短時間でなるべく多くの回数になるような活用が期待される。

　児童・生徒の側の習熟だけでなく，教師の側の習熟もこの段階で行われるべきものである。一例ではあるが，その典型的なものがファイルの共有である。この作業は，習熟できていないと考えられないくらい時間を費やすし，習熟できていればあっという間に終了する。時間がかかることで面倒だと考えると，なるべくファイル共有をしないようにという気持ちが働き，自然と

遠ざけてしまうことになる。著者がこの作業をするうえで最も重要と考えていることの一つが，クラスの児童の名簿から，各自に設定されているアカウント（メールアドレス）を Excel などを使って様々なグループに自由自在に割り振れるようにしておくことである。

　教師は，タブレットの活用において，全てのことに通じている必要はない。それは無理なことであるし，それを求めても効率はよくならない。自分たちがやろうとしていることにとって必要なスキルを，確実に身につけておくことが求められていることなのである。それを学校単位で検討し，研修を通して知り，機会があるごとに試してみることで活用が可能となる。

環境整備・第3段階／授業に生かす

　いよいよ準備の最終段階，授業のための準備である。タブレットが動き，児童がほどほどに使いこなせるようになり，教師もコントロールできるスキルを身につけている状態である。

　授業に活用するうえで重要なことは，活用する目的をしっかりともち，それを軸にし活用時にぶれないようにすることである。ともすると，機材を活用していることに満足し，活用すること自体を目的にしてしまう。しかし，教科の目指すところは，1時間1時間の教科としての目標を確実に達成することである。タブレットの活用についても，そのために使われるということを外してはいけない。

　そうだとすると，授業に取り入れるか取り入れないかを決断するものさしは，使わないより使った方が児童が質の高い学びを生み出すことができるか否かということである。極端にいえば，これまでの授業＝タブレットがなかったときにできなかったことが，タブレットを導入することで可能になる場合を探していくのである。そのためには，タブレット，例えば Chromebook の Classroom，フォーム，Google Meet，ドキュメント，スプレッドシート，スライド，Jamboard といったアプリでできることを理解しておくこと。そうすることで，児童と目指していることとの間を Chromebook に仲介させ，素晴らしい役割を任せることができるようになる。

2 年間指導計画に組み入れる

　実際にタブレットを授業に生かしていくことを考えたい。これまでにも述べてきたように，「使う」ことと「生かす」こととは本質的に異なる。「代用」であれば，使わなくてもよいのである。教育委員会等の意向で「税金を投入して買ったのだから，使ってもらわなくては困る」といわれたとしても，である。あくまでも，タブレットのよさを生かすことで教科指導の質を上げることが，導入の目的であると考えよう。

系統性を考える

　子供たちの情報スキルの範囲内で，効果的な使い方を考えたい。そこで，子供たちは何ができるのかを，学年ごとにしっかりと押さえておく必要がある。現在考えられる情報スキルのレベルとタブレットで行う活動を関係づけながらタブレットの機能を使ううえでの学年ごとの系統を次のように表にまとめてみた。もちろん，学校や地域によって，もっといえば学級によっても若干の違いはあるだろうから，一般的なものと考えていただきたい。また，これから指導の積み重ねがなされれば，低学年から中学年，高学年に上がるにつれてできることがさらに多くなることも十分に考えられる。そこで，学校ごとに，自分たちの学校の児童の情報スキルの系統を考え，表を更新していただきたい。

　今回は，学年について各学年での設定をせず，低・中・高の学年団ごとにした。各学年ごとにより細かい設定をすることも可能だが，同じ学年でも能力差が大きく，結果として前後の学年を含めて考えなければならないことになるので，この形が現実的であろう。また，ここでは，タブレットを使うための情報スキルとして，「テキスト入力」「検索」「共有と編集」「発表・プレゼン」の四つを取り上げた。これらは，本書での授業プランを実行するうえで児童に必要となる項目として設定した。先生方が授業に活用していくためには，そのほかの項目も必要となるかもしれないので，その際は補足・修正することも積極的に行っていただけるとありがたい。

タブレットの機能を使ううえでの学年ごとの系統

	テキスト入力	検索	共有と編集	発表・プレゼン
低学年	音声認識や文字数の少ない手書き入力を積極的に取り入れる	児童が考えた検索ワードを教師が検索し，提示する	ドライブなどにアップされているデータを開いて閲覧する	1枚の画像や資料を見せながら話す
中学年	文字数の少ないキーボード入力に慣れる	自分で検索ワードを考えて検索する	ドライブなどにアップされているデータをダウンロードし個人で編集する	複数枚の画像や資料を見せながら話す
高学年	キーボード入力を積極的に取り入れる	検索ワードを工夫して，自分が求める情報を得る	ドライブなどにアップされているデータを共同で編集する	画像や資料を組み合わせたスライドを基に話す

　タブレットを授業に取り入れるうえで都合がよいのは，同じ（似た）作業をするのに複数のやり方があることである。例えば，文字（文，文章）を書く際には，基本はキーボード入力ということになるが，まだ入力ができない児童には音声で入力させ文字に変換することができる。あるいは，スタイラスペンで直書きすることもできる。

　また，発表やプレゼンについても，これまでにも行っていたプロジェクターや電子黒板での発表はもとより，タブレットで情報を共有して画面上で発表したり，共有はせずタブレット画面を見せながら発表をしたりする，さらに，タブレットとプロジェクター等を併用したりと多様に考えられる。これらを学年や発表内容，視聴者の数に応じて使い分けることで，発表内容を生かした発表形態とすることができるようになる。これまでの学習では，発表形態ありきということも多かったので，国語科だけでなく，どの教科においても大きな改善を期待できると考える。

年間指導計画に組み入れる

さて，いよいよ年間指導計画にタブレットの活用を繰り入れていく段階である。意識的にタブレットを活用していくことをするのであれば，年間指導計画の中にタブレット（Chromebook）の活用の具体例の欄をつくるべきである。教科の設計図あるいは航海図ともいえる年間指導計画に項目を設けるのと設けないのとでは意識に大きな差が生じる。

ただし，年間指導計画も他の計画案と同じように，新たに生まれた様々な取り組みについての項目を表中に入れ込んで飽和状態にあると思われるので，必要最小限の記述に留めておく。その形式の一例を下記に示した。横長のものを縦長の紙面に表したので波線の間に入る評価規準などの部分は省略してある。

月	単元名等	主な学習活動	Chromebook の活用

年間指導計画を作成する

では，実際に Chromebook の活用を位置づけた年間指導計画を作成してみよう。次の表は，光村図書の第4学年の年度当初の年間指導計画に，Chromebook の活用を盛り込んだものである。

この年間指導計画を注意深く見ると，「主な学習活動」に示されていることは Chromebook を使わなくても十分に授業をすることができるものである，ということがわかる。Chromebook の導入に際して，新たな学習活動として考え直すことは時間も体力もひどく消費することになるし，またこれまでに行ってきた実践に基づいて考えられたものであるという，貴重なリソースを生かさないことになる。

表　第4学年（光村図書版）を例にした年間指導計画（部分）

月	単元名等	主な学習活動	Chromebook の活用
4	「こんなところが同じだね」 ○伝えたいことや聞きたいことの中心を捉え，自分の考えをもつ。 （思・判・表A⑴エ）	1　上巻の国語学習を見通すとともに，国語学習で用いる力や情報の整理の仕方を確かめる。 2　ペア及びグループで互いの共通点を探す。 3　みんなに教えたい共通点を発表し合う。 5　振り返りをする。	●Jamboard を使い，共通点を付箋に書きホワイトボードに貼っていく。 ●画面上で共有し感想を伝え合う。
4	「春のうた」 「つづけてみよう」 ◎詩全体の構成や内容の大体を意識しながら音読することができる。 （知・技⑴ク）	1　「春のうた」を音読し，場面の様子と登場人物の気持ちを関連づけながら読み取る。 2　場面の様子をや登場人物の気持ちを想像して音読する。 3　「つづけてみよう」を読み，年間を通した継続的な活動に取り組む意欲をもつ。	●Jamboard を活用し，場面の様子として想像することを付箋に書き貼る。 ●カメラ機能を使って音読を録画し，改善点を見出す。
4	1　場面と場面をつなげて読み，考えたことを話そう 「白いぼうし」 ◎登場人物の行動や気持ちなどについて，叙述を基に捉えることができる。 （思・判・表C⑴イ）	1　全文を通読し，ログラインを書き，読みの違いを確認する。 2　登場人物を挙げ，簡単に松井さんの人物像を捉える。 3　もんしろちょうと女の子の関係を考える。 4　「夏みかん」「女の子」から松井さんについて考える。 5　松井さんは，その日に起きたことをどう考えているかを考える。 6　松井さんの紹介文を書き，「ベストオブ松井さん」を選ぶ。	●Jamboard でログライン書いたり，人物像を書いたりする。 ●ドキュメントを使い，読み取れる人物像をまとめたり，日記形式で気落ちを表現したり，紹介文を作成したりする。

図書館の達人になろう	1 自分の住んでいる地域の図書館について思い出す。	

Chromebook などのタブレットの導入を一種のリセットと捉えると，これまでに培ってきたことを生かしにくいが，そうでなく，これまでの実践の延長と捉えれば「生かすべきは生かし，見直すべきは見直す」ことにつながる。そういう視点に立つと，既成の学習活動を，Chromebook を加えることでリニューアルすることができるのである。

さて，表中の「Chromebook の活用」では，なるべく簡潔に活用の仕方を記述してある。この欄は，作成時はある意味思いつきでよい。具体的な運用は，授業をする時点での，児童の実態や授業の展開次第で柔軟につくっていけばよい。「白いぼうし」の単元で，年間指導計画に「ドキュメントを使い，読み取れる人物像をまとめたり，日記形式で気落ちを表現したり，紹介文を作成したりする」と書かれていても，今のこの児童にとっては，ドキュメントで取り組むより Jamboard で取り組んだ方がよさが出るなと思えば，変更すればよいのである。

つまり，年間指導計画を作成する段階で記述することは，「たたき台」でよいのである。この数年は，GIGA スクール構想における，草創期であり，混沌としている時期である。特にこの期間にどれだけ試行錯誤をするかが，その後の可能性の大きさや多様性につながると考える。計画することは非常に重要である。しかし，それによって固定観念をつくってしまうことのないよう，ケースバイケースで変更しながら使っていく姿勢が教育を変える力となる。

CHAPTER**3**

Chromebook を活用した
国語授業プラン16

1 「話すこと・聞くこと」の授業プラン

「たからものについてはなそう」（2年）

関連教材：「たからものを　しょうかいしよう」（東書2年）
　　　　　「つたえたいことをきめて，はっぴょうしよう」（光村2年）など

活動形態の特徴

　スピーチは，複数の聞き手に対して話し手が思いや考えを伝える言語活動
である。話し合いとは異なる形態であることから独話の系列に位置づけられ
る。原稿を作成させて読み上げる形式の実践も見られるが，学級で話す場に
おいては原稿がないことがほとんどである。そのため，本節では原稿を見ず
に，話し手の方を見ながら話す活動の指導について考えてみたい。

　スピーチの領域で指導したい内容には，話す順序，声の質，話す速度，視
線や間合いなど幅広い要素が含まれている。ただし，低学年の児童にこれら
全ての要素を同時に意識させることは難しいため，まずは一〜二つの事柄に
焦点化することが求められる。ここでは，最も基本的な「何をどの順序で話
すのか」と「聞き手に伝わる声」の2点を指導する計画とする。

　単に「順序」といっても，その内実は一様ではない。私たち大人が引きつ
けられるスピーチをイメージしてみても，「順序」にはいくつかのバリエー
ションが想定されるだろう。ある人の生い立ちについての話を聞く場面にお
いては，「時系列」であることで理解がしやすくなるだろう。また，TEDの
ような講演会（スライドを使用しているため言語活動としてはプレゼンテー
ションに近いが，ここでは広義のスピーチの例として取り上げている）にお

いては，「問題」→「解決」，「平易」→「難解」といった構成であることにより，聞き手の興味をひいたり関心を高めたりすることができる。

　こうしたことから，低学年においても「順序」について考えさせたい。本単元では，「はじめ」「なか」「おわり」の順序を特に取り扱うことにする。以下のような観点を児童と共有し，内容についての構想を促したい。

表　スピーチの構成例

構成	内容
はじめ	紹介する宝物がどんなものであるかを話す
なか	宝物にまつわるエピソードなど自分だけが知っている情報を話す
おわり	これからのことや聞き手への呼びかけなどを話す

　また，「伝わる声」については，ただ単に「大きな声を出しましょう」と声をかけるだけではなく，ボイストレーニングの手法を活用した「発声」の指導を実施したうえで，児童に自分の「声」について意識させたい。こうした指導の具体については，香月（2017）に示されている。

Chromebook 活用のポイント

●紹介する対象物の写真を撮影する

　話すこと・聞くことの授業づくりにおいて，まず検討すべきなのは「話題の設定」と「情報の収集」である。他教科における話す活動は，各教科内容との関わりで必然性をもたせやすい一方，取り立て指導である国語科においては児童に話す意欲をもたせるための仕掛けが必要となる。

　こうした課題に対して本単元では，Chromebook の「カメラ」機能を活用することで児童の伝えたいという思いを喚起したい。画角を工夫することで「これはどこだと思いますか？」といった話し方につながったり，「全体」と「部分」を「ルーズ」や「アップ」で撮ることで聞き手へ訴えかけるスピーチがつくりやすくなったりする効果も期待できる。Chromebook を家庭へもち帰ることができる場合は，「紹介したい宝物」という，これまでは学校に

もってくることが難しかった物（紛失・損壊の心配があるもの）についても，写真を撮ることで「具体物を見せながら話す」という状態が生まれる。

　また，カメラを活用した発展的な活動として，お気に入りの場所を紹介するスピーチやクイズを実施することも考えられる。

●Jamboard でスピーチメモを作成する

　Jamboard は共同作業で使用されることが多いが，ここではスピーチのメモづくりに活用する。宝物に関するエピソードを付箋に書き出すことで，ブレインストーミングができる。デジタルの付箋は移動が容易なため，紹介する内容を選んだりスピーチの順序に並べ替えたりする思考と相性がよい。

　展開1の解説に示すような右から左の時系列による整理だけでなく，上から下など児童の思考にあわせてアレンジしたい。

●カメラアプリでビデオを録画する

　1人1台の環境が整ったことにより，教室に人数分の「ビデオカメラ」がある状態が生まれた。体育をはじめとした他教科においても既に活用が進められているが，国語科の「話すこと・聞くこと」領域においても積極的に活用したい。低学年の児童が自分の「話す」様子を話しながらメタ認知することは難しいため，個別の Chromebook に保存し振り返りに生かしたい。

　また，動画であることの利点は何度でも見返すことができる点にもある。自分の動画を複数回見返すことができるだけでなく，他の児童の発表の様子を見比べることも可能となった。練習の過程で，Chromebook を並べてそれぞれの動画を再生することで，「○○さんの話し方は私と比べて……だなあ」といった気づきを促すことができれば，その後のスピーチの改善も期待できる。ICT を活用することで，発達段階に応じたメタ認知を促進したい。

参考文献

香月正登『国語科授業サポート BOOKS　論理ベースの国語科授業づくり　考える力をぐんぐん引き出す指導の要点と技術』（明治図書，2017年），pp.38-39

間瀬茂夫「話すことの学習指導」倉澤栄吉・野地潤家監修『朝倉国語教育講座3　話し言葉の教育』（朝倉書店，2004年），pp.114-133

単元指導計画（全6時間）

単元目標　◎聞き手に伝わる声で，自分の宝物について順序を意識しなが
ら話すことができる。

次	時	○学習活動	● Chromebook の活用
一	1	○教師が例を見せるなどして，スピーチについて知る。 ○紹介する宝物を決めて，自宅等で写真を撮影する。	（スピーチのモデル動画があればそれを見せてもよい） ●【カメラ】画角やアップ／ルーズを考えて写真を撮る。
一	2	○伝えたい内容を書き出し，話す順序について考える。 ※余裕があれば写真の見せ方を検討してもよい。	●【Jamboard】宝物にまつわるエピソードを整理する。 （ファイルアプリ内で写真を見せる順番を考える）
二	3	○ペアでスピーチの練習の様子を動画で撮影し合う。 ○練習の動画を見て気づいたことをメモする。	●【カメラ】スピーチの様子を動画で記録する。 （話し方で気づいたことをワークシートにメモする）
二	4 5	○グループでスピーチの発表会を行い，動画に記録する。 ○クラス内で動画を見せ合い，他の児童からのコメントをワークシートに入力してもらう。	●【カメラ】スピーチの様子を動画で記録する。 ●【Jamboard】感想を交流する。
三	6	○練習の動画と本番の動画を見比べて自己評価し，気づきをクラスで共有することで単元のまとめをする。	●【ファイル】単元で撮影した二つの動画を見比べる（ワークシートに学んだことを書く）。

展開 1 （2／6時）

本時の目標　　○スピーチの「はじめ」「なか」「おわり」の順序を考え，話す内容を Jamboard の付箋にまとめることができる。

○学習活動	・留意点　●Chromebook の活用
○本時のめあてを確認する。 　じゅんじょに気をつけて，スピーチメモを書こう。 ●伝えたい内容を書き出す。 　「皆さんが紹介したい宝物について，伝えたい内容を書き出してみましょう。そのものの特徴や好きな理由など，思いつくだけ書いてみましょう。」 ●伝えたい内容と順序を考える。 　「今書き出した内容のうち，特に伝えたい内容はどれですか？　また，その内容をどの順序で伝えたいですか？　付箋を移動させたり，並び替えたりしながら，『はじめ』『なか』『おわり』で伝えたいことを整理しましょう。」 ●伝えたい内容に合わせて写真を選ぶ。 　「最後に，スピーチの内容に合う写真を選びましょう。ファイルに保存されている写真で，一番ふさわしいのはどの写真でしょう。」 ○次時の予告をする。	・スピーチでは「順序」が大切であることを確認し，「はじめ」「なか」「おわり」を意識させる。 ●【Jamboard】宝物にまつわるエピソードを手書き入力か音声入力で付箋に書き出す。ブレインストーミングのように，思いつく内容をどんどん書き出させる。 ●【Jamboard】付箋を移動させながら，話す内容を選ぶとともに，「はじめ」「なか」「おわり」の順序を考える。早く進んでいる児童の画面をモニターに提示することで，付箋の整理の仕方について共有することができる。 ●【ファイル】自宅で撮影してきた写真を閲覧し，どの写真を提示するのか考える（複数の写真を見せる展開にする場合は，ファイル名を変更することによる並び替えを行ってもよい）。

展開１の詳細・解説

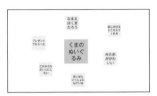

　話す内容を Jamboard で整理することにより，情報を俯瞰しながら伝えたい内容を選ぶことができる。これまでのスピーチメモでは，内容の構想と順序の検討で別々の用紙を使う必要があったが，ICT を活用することにより思考を途切れさせることなく，二つの作業を連続して行うことが可能となった。

　さらに，Jamboard の付箋は移動が容易であるため，話す「順序」の検討過程での「並び替え」にも適している。付箋を並べた後も，内容は十分か／多すぎないか，どちらの内容を先に伝えた方が聞き手に伝わるかなどを吟味させたい。

　ファイルアプリを見ながら，自宅で撮影してきた写真のうち，どの写真が最適かを考えさせる。さらに児童の実態に応じて，複数の写真を提示させる（あるいは１枚の写真を「ピンチ」操作により，拡大したり縮小したりする）発表の仕方も考えられる。アップとルーズで撮った写真がある場合，「全体像を見せてから細かな部分を紹介する」のか，「細部から宝物を予想させた後に全体を見せるのか」によって話す順序が大きく変わる。実物を見せながら話す場合には難しいこうした見せ方は，ICT ならではといえる。こうした「写真」を見せるという活動の特徴を生かすことで，「順序」を自然に考えられるよう促したい。

　なお，クラスの児童数が多い場合などは，電子黒板等に児童の端末の画面を写し，プレゼンテーション型のスピーチとすることも考えられる。

展開2（4・5／6時）

本時の目標　〇スピーチの様子を記録した動画を見て，お互いのスピーチのよさに気づくことができる。

〇学習活動	・留意点　● Chromebook の活用
〇本時のめあてを確認する。 　おたがいのスピーチのよいところを見つけよう。 ●グループでスピーチ発表会をする。 「これからそれぞれのグループでスピーチをします。スピーチの様子はビデオで記録しておきましょう。」 ●グループで感想を伝え合う。 「発表が終われば，感想やよかったところを伝え合いましょう。」 ●他のグループとも交流する。 「撮影した動画を他のグループの人にも見てもらいましょう。また，感想をお互いの Jamboard に書き込みましょう。」 ●入力してもらったコメントを読み返す。 「自分のスピーチのよかったところはどんなところでしょう。」 〇次時の予告をする。	・「はじめ」「なか」「おわり」の順序と，声の大きさを意識することを伝える。 ●【カメラ】スピーチの様子を発表者の Chromebook で撮影する。撮影係はスピーチの順番でローテーションする。 ・感想を伝える練習と位置づけ，口頭で交流させる（実態に応じて Jamboard を活用してもよい）。 ●【ファイル】何度も再生ができる動画のよさを生かして，立ち歩きながら交流をする。 ●【Jamboard】動画を見た感想を発表者の Jamboard に手書きで入力する。低学年の感想交流は口頭で行うことが多いが，文字に残すことで見返すことができる。

展開２の詳細・解説

上段はスピーチの動画を撮影している画面のイメージ図である。児童にとって，自分がパブリックな場で話している様子を映像で見る機会は少ない。低学年の児童はメタ認知が発達しているわけではないが，Chromebook で自らの話す様子を見ることで話し方への意識が少しでも高まれば，その後の話す活動の改善につながるといえる。

また，映像を見ることで自分の「声」が聞き手に伝わるものとなっていたかどうかも捉えることができる。練習の段階においても意識をさせておき，どのように改善したのかを考えさせてもよいだろう。

	なまえ	かんそう
1		
2		
3		
4		
5		
6		

スピーチの後に全体での感想交流を行う際は，Jamboard にコメントを書き合う活動が考えられる。ここでは，スピーチを聞いて面白いと思ったところや，質問してみたいことのような内容面へのコメントも含めてよいことにする。これにより，スピーチが相手に伝わったという感覚をもつことができれば，次回以降の発表の意欲にもつながるだろう。

ここでは，教師がスライドで作成した枠を画像で保存し，Jamboard の背景に設定している画面を例示した。こうした枠があることで，お互いのコメントがしやすくなるだろう。ただし，Classroom によるデータの配布等に慣れていない場合は，それぞれの白紙状態の Jamboard に手書きで入力するだけでもよい。また，学級の実態によっては紙媒体による交流に置き換えたり，口頭でのコメントのみにしたりすることにより無理なく実施したい。

「考えを整理しながら話し合おう」（3年）

関連教材：「何をしているのかな」（東書 3 年）
　　　　　「山小屋で三日間すごすなら」（光村 3 年）など

活動形態の特徴

　ペア・トークは，日常の授業においても取り入れやすい話し合いの形態であるが，ペア・トークでどのように話し合うべきかについては，必ずしも十分に指導されていないのが現状である。

　学習場面でもよく行われる問題解決型の話し合いの過程には，「自由な発想でアイデアを拡げ，多様な可能性をふくらませる段階」＝「拡散のステージ」と「具体的な成果に向かって意見を集約し，まとめていく段階」＝「収束のステージ」が含まれる（森，2009）。またこの過程には，アイデアを出しながら，それらを分類したり比較したりする過程が想定できる。

　そこで本節では，アイデアを出し，分類するまでの過程に焦点を当てる。こうしたプロセスは，問題解決の話し合いだけでなく，文学的文章の読みの交流のようなオープンエンドの話し合いの過程においても重要となる。

　話し合いは，予測していなかった意見に出会ったり，複数の案を組み合わせることにより新しい考えが創出されたりする刺激的で創造的な営みである。ここでは「考えの見える化」により，そうした展開を促したい。

　こうした話し合いの指導過程では，話し合いを経験させることに加えて，次の話し合いで活用できる話し合いの方法に気づかせたい。そのため，話し合いを記録し文字化することで，振り返り活動の充実を図りたい分析過程では，拡散的な話し合いで重要な次のような発言にも着目させたい。

表　話し合いのこつと発言例（香月・上山編著，2018より一部抜粋）

こつ	こつの説明	発言例
提案	意見を提案する	「じゃあ，……。」／「……はどう？」
確認	発言内容を確認する	「どういうこと？」／「……って何？」
質問	理由を尋ねる	「なんで？」／「どうして？」
理由づけ	意見の理由を述べる	「だって，……。」／「……だから。」

Chromebook 活用のポイント

● Jamboard を活用し「考えの見える化」を促す

　Jamboard は，オンラインで使用可能なホワイトボードアプリとして教育現場以外でも活用されている。本単元においては，アイデアとアイデアを関連づけたり，分類したりする思考を促すためのツールとして利用したい。

　Jamboard の活用方法は多様に考えられるが，ここでは様々な場面で応用が可能な「付箋」に焦点を当てる。中学年段階では，「付箋」への入力と分類が柔軟にできるようになることを目指したい。関連する Jamboard を活用した先行実践においては，「ベン図」や「クラゲチャート」等の思考ツールを Jamboard の背景画像に設定する事例などがあり参考になる。そのうえで本単元では，特定のツールを使用することを前提にするのではなく，アイデアを出し合う過程で徐々に整理軸が明らかになるような話し合いを行う。これは，思考ツールは便利な道具である一方，それを使いこなすためには使う側が整理の目的を意識できている必要があると考えたためである。

　以上を踏まえ，本単元においては，アイデアを出し合う過程でどのような分類ができるかを試行錯誤し，その結果として思考ツールの有効性に気づくような授業展開を構想してみたい。

●ドキュメントの音声入力を用いて振り返りの教材を教師が作成する

　即時的に消えてしまう音声言語による話し合いの振り返りは，何らかの記録がなければ記憶に頼った抽象的なものとなりがちである。映像や音声記録

を活用することも考えられるが，参加者の発言がどのように関係し合っているのかを検討するためには，話し合いを文字起こしした教材（文字化資料）が有効である（香月・上山編著，2018）。

　ただし，教師が文字化資料を作成する場合，従来は各班の机の上に IC レコーダーを設置し，授業終了後に音声データを PC に取り込み，その後文字起こしを行うという方法をとるしかなかった。しかも，音声を聞きながら文字起こしをする場合，タイピングをしながら一時停止を繰り返す必要がある。そのため，教材が完成するまでに，元の話し合いの 3 ～ 6 倍の時間がかかり，教師の負担という点から実践のハードルが高かった。

　しかし，音声認識の精度は飛躍的に向上しており，大人の声で，正確な発音で，マイクを通して話すことができれば，ある程度の質の教材を短時間で作成することができる。そのため，文字起こしする対象の話し合いの記録（映像でも音声でも可）をイヤホンで聞きながら，同時にドキュメントを開きイヤホンのマイクから音声入力をする方法を提案したい（Google Play の「音声文字変換＆音検知通知」を使用すれば，句読点も自動で入力される）。これにより，元の話し合いとほぼ同じ時間で簡易の記録を作成することができる（話し合いの展開を振り返ることをねらう教材の場合は，「えーっと」や「あのー」などの言いよどみを省略しても支障はないため，教師が聞き取った元の話し合いの主な発言のみを入力することを想定している）。こうした方法で作成される教材はあくまで簡易の話し合い記録ではあるものの，記憶のみで振り返る場合と比べれば分析活動は随分と具体的なものとなる。

　今後，こうした文字起こしアプリの機能がさらに向上し，話し合いの教材開発に新たな展開がもたされること予想される。

参考文献

長崎伸仁監修，香月正登・上山伸幸編著，国語教育探究の会著『対話力がぐんぐん伸びる！文字化資料・振り返り活動でつくる小学校国語科「話し合い」の授業』（明治図書，2018年）

森雅浩「ファシリテーションのスキル」中野民生・森雅浩・鈴木まり子・冨岡武・大枝奈美著『ファシリテーション　実践から学ぶスキルとこころ』（岩波書店，2009年），pp.118-158

単元指導計画（全5時間）

単元目標　◎話し合いにおけるアイデアの整理の仕方を知り，状況に応じて活用することができる。

次	時	○学習活動	● Chromebook の活用
一	1	○1回目のペア・トークを行い，話し合いの様子を動画で記録する（撮影はグループ内の話し合いをしていないペアが行う）。 ※授業後に教師が代表ペアの話し合いの文字化資料を音声入力で作成する（展開2参照）。	●【Jamboard】付箋を使いアイデアを整理する。 ●【カメラ】話し合っていないペアが，動画を記録する。（動画を Classroom で教師に送信する。ネット環境次第では，教師が代表ペアのみを撮影する）
一	2	○代表ペアの話し合いを文字化資料で振り返り，アイデアの整理の仕方について考える。	●【Jamboard】よかったところや改善点を Jamboard に書き出す。
二	3	○2回目のペア・トークを行い，話し合いの様子を動画で記録する（撮影はグループ内の話し合いをしていないペアが行う）。	●【Jamboard】付箋を使いアイデアを整理する。 ●【カメラ】話し合っていないペアが，動画を記録する。
二	4	○グループ内の二つのペアの話し合いの動画を見て，気づいたことを話し合う。	●【Jamboard】よかったところや改善点を Jamboard に書き出す。
三	5	○単元で学んだことを整理し，今後の話し合いで気をつけるポイントについてまとめる。	●【ドキュメント】単元で学んだことを記録する。

展開1（1／5時）

本時の目標　　○互いの考えを整理することを目指して，Jamboard を使った話し合いができる。

○学習活動	・留意点　● Chromebook の活用
○本時のめあてを確認する。 ペア・トークで考えを伝え合おう。 ●ペア・トークを行う。 「では，１回目のペア・トークを行います。話題は，〔理想の給食メニューを考えよう〕です。話し合いで出た考えは，Jamboard に書き出しながら整理してみましょう。また，話し合いをしていないペアはビデオの撮影をしながら話し合いの様子を観察しましょう。」 ●グループ内で役割を交代する。 「グループの中で役割を交代し，もう一組のペアが話し合います。同じようにビデオで撮影もしましょう。」 ●お互いのペアの Jamboard を見返す。 「お互いの話し合いの Jamboard を見比べて，アイデアの整理の仕方について気づいたことを書きましょう。」 ○次時の予告をする。	・単元の見通しをもたせ，本時で扱う話題〔理想の給食メニューを考えよう〕を提示する。 ●【Jamboard】話し合いのペアはそれぞれの Chromebook から付箋に書き込む。話し合いの前半は書き出す時間，話し合いの後半は付箋を分類する時間とする。 ●【カメラ】話し合っていないペアが話し合いの動画を撮影する。 ・話し合いは５～10分程度で行う。 （上記の役割を交代する） ●【ドキュメント】付箋を見て気づいた内容をワークシートにまとめる，Classroom に提出する（実態に応じて紙媒体のワークシートに置き換えてもよい）。

展開 1 の詳細・解説

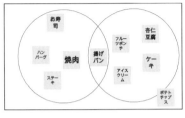

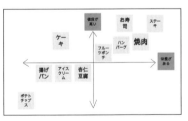

　上段に示したのは，思考ツールのひとつである「ベン図」を用いた場合のアイデアの整理の様子である。「思考ツール」を活用した実践の広がりに伴い，個人での思考場面だけでなく他者と協働する活動場面においてもこうしたツールが活用されるようになった。

　ただし，「共通点と相違点を見つける」ことが目標でない話し合いにおいては，「ベン図」以外の整理の仕方についても考慮に入れる必要がある。中段に示したように，話し合いの前半でアイデアが拡散した状態が生じた後に，いくつかのまとまりに「分類」をした結果，下段に示したような，「値段」や「栄養素」といった軸で整理することも考えられる。このように，最適解を求めてアイデアを分類した結果，集合関係が見えてきたときにはじめて，なんらかのツールで関係性を見えやすくするのが，本来の思考の流れなのである。

　そのため，Jamboard を使用する話し合いにおける情報の整理の仕方を扱う授業では，特定の思考ツールを先に与えるだけでなく，参加者がアイデアの仲間分けをしていく過程で，必要に応じてそうした整理の仕方を示していくという指導方針をとってもよいのではないだろうか。複数のツールから話題や目的・状況に応じて児童が最適なものを選べることこそ，自律的な話し合いを組織する要件であると捉えながら，長期的な視点に立って指導したい。

展開２（２／５時）

本時の目標　　○話し合いの記録を基に振り返りを行い，話し合いで情報を整理する方法について気づくことができる。

○学習活動	・留意点　●Chromebook の活用
○本時のめあてを確認する。 　ペア・トークをふり返り，話し合いの進め方について考えよう。	・前時の話し合いを振り返らせ，話し合いの進め方について学習することを伝える。
●**話し合いの文字化資料を音読する。** 「昨日の話し合いの文字化資料をClassroom から開きましょう。代表ペアの二人は音読で再現をしてください。」	●【PDF ビューア】代表ペアの話し合いの文字化資料の PDF をClassroom で配布する。児童はそれぞれの端末から閲覧する。
●**話し合いを分析する。** 「話し合いの記録を読んでよかったところを書き込みましょう。特に，アイデアの分類の仕方でよかったところを見つけましょう。また，改善点もあれば書き込みましょう。」	●【PDF ビューア】デフォルトのビューアでも簡単な書き込みが可能である。よい発言は黒色，改善点は赤色など色分けをさせる。 ・前時の Jamboard の画像も適宜提示する。
●**全体で分析結果を共有する。** 「代表班の話し合いのよかったところや改善点を具体的に教えてください。また次の各グループの話し合いで気をつけたいことはどんなことですか。」 ○次時の予告をする。	●【Jamboard】Chromebook（教師用）で PDF ビューアを開き，電子黒板等に画面を投影するだけでもよいが，共同編集可能なJamboard の背景に先の文字化資料の画像として貼り付け，児童の端末から書き込ませる方法も考えられる。

展開２の詳細・解説

音声認識の精度はここ数年で高まっている。本書の CHAPTER 1 で述べたように，教師が話し合いの記録を聞きながら，発言の要点を音声入力することで，タイピングによる文字起こしよりも短時間で，簡易の逐語記録を作成することが可能である。

Google Play からインストール可能なアプリ「音声文字変換＆音検知通知」（上段の画像参照）を使えば，句読点もある程度自動で入力されるため，文字起こしをより簡単に行うことができる。ここから，誤変換を修正したり，発話者の名前を書き加えたりすることで，振り返り用の教材を作成することができる。

また，作成した教材（下段の画像のような話し合いの文字化資料）を画像に変換し，Jamboard の背景に貼り付ければ，文字化資料の分析活動にも使用することができる。発言が文字になって「見える化」されているという特性を生かし，情報の整理の仕方についての気づきを促したい。

活動形態の特徴で示した「話し合いのこつ」は，「じゃあ，あげパンだったらどう？」（提案）のように，話し合いのテーマに関する発言を分析するための枠組みである。そのうえで，本単元で扱っているような情報の整理の仕方について振り返る活動においても，「じゃあ，デザートは右側にまとめるね。」（提案）や，「この下の部分が，○○のグループってことだよね？」（確認），「どうして□□と△△は同じ仲間なの？」（質問），「だって，◇◇というところが似ているから」（理由づけ）のように，情報の整理の仕方という観点から話し合いを分析するときにも援用できる。

「計画的に話し合おう」（5年）

関連教材：「たがいの立場を明確にして，話し合おう」（光村5年）
「問題を解決するために話し合おう」（東書5年）など

活動形態の特徴

　小集団（4名前後）で行われるグループ・ディスカッションは，参加者の発言機会を確保しながら異質な考えと出会える場であるため，学校教育においても特に重要な活動といえよう。ただし，前節のペア・トークと同様に，「話し合いましょう」という指示が日常的に行われる一方，どのように話し合えばよいのかそのものを学習する機会は必ずしも多くないのが現状である。

　他教科の話し合いで活用できる話し合いの力という意味では，前節で引用した「拡散のステージ」と「収束のステージ」の二つを意識させるだけでも話し合いに広がりと深まりが生じる（上山，2021）。話し合いが始まる段階で展開についての見通しを立て，途中で計画を見直しながら進めることにより，高学年で目指したい「計画的な話し合い」に近づくことが予想される。このような話し合いそのものを俯瞰する意識には「メタ認知」が関わるため，発達段階を考慮すれば高学年で指導することが望ましい。

　また，「収束のステージ」の最終的な結論を決める段階においては，複数の候補の中から最適解を選ぶ局面が想定される。こうした局面では，二項対立でそれぞれの特徴を浮き彫りにしながら話し合いが展開されることも少なくない。そこでは中学年に示した「話し合いのこつ」に加えて，「反論」とそれの「受容」という発言が重要な役割を担う。

　以上の内容を踏まえ本単元では，次の表のような発言に注目させたい。

表　話し合いのこつと発言例（上山，2021より一部抜粋）

こつ	こつの説明	発言例
計画	進め方について検討する	「話し合う順番は……」
展開	別の論点への展開を促す	「……について話そうか。」
反論	反対意見を述べる	「でも，……」／「それは……じゃない？」
受容	相手の考えを受容する	「そうだね。」／「それはわかるよ。」

　グループ・ディスカッションの指導においても，即時的に消えてしまう話し合いを「見える化」することが重要である。本単元では Chromebook ならではの振り返りの教材開発の方法についても考えてみたい。

Chromebook 活用のポイント

● Jamboard の背景を工夫し計画性を高め活性化を促す

　中学年のペア・トークの単元案では，話し合いにおけるアイデアを分類する過程を扱った。本単元ではそれをさらに発展させ，分類後に行われることが多い「アイデア相互を比較する過程」に焦点を当ててみたい。

　問題解決の話し合いにおいては，「問い」に対する「答え」を求めることになる。当然のことながら，この「答え」は開始する時点においては明確ではなく（「答え」があらかじめ決まっている場合は，そもそも話し合う必要がない），話し合いの参加者は「問い」と向き合いながら発言し始める。

　そのうえで，参加者が結論について合意するまでの過程では，「答え」が備えているべき条件についての検討が行われることで話し合いに深まりが生まれる。話し合いを開始する時点ではおぼろげだった条件が徐々に明らかになることで，参加者の納得のいく結論となる可能性が高まると考えられる。

　では，上記のような考えを Chromebook により表現することはできないだろうか。本単元では，Jamboard の背景に話し合いの進め方の枠組みを示すことにより，「計画的な話し合い」を促せないかと考えた。展開1に話し

合いの進め方を埋め込んだ Jamboard のフレームのイメージを示している。これはあくまで一例であるため，ねらいに合わせて変形させるとよいだろう。

●動画等の記録を活用し話し合いの振り返りを促す

話し合い「で」学ぶ授業においては「結果」が重要である一方，話し合い「を」学ぶ授業においてはその「過程」が問題となる。ただし CHAPTER 1 で述べたように，話し合いでやりとりされる音声言語は即時的に消えてしまうため，振り返り活動の充実のためには，何らかの記録が必要である。

まずは Chromebook で撮影した映像記録を活用し，話し合いにおける発言はどのように関わり合っていたのか，あいづちやうなずきは話し合いの参加者として適切であったのかについて意識させたい。自分たちの話し合いを振り返るという経験が少ない段階においては，動画であることにより活動のイメージが捉えやすい。

そのうえで，これまでの話し合いの指導では使うことができなかった「スクリーンキャプチャ」の教材化について触れておきたい。Chromebook に備わっている「スクリーンキャプチャ」とは，画面そのものを動画で記録できる機能である（ステータストレイをクリックするとメニュー内に表示される）。この機能では，静止画と動画の切り替えの他，マイク録音の有無が選択ができる。この機能を活用し，Jamboard を使用して話し合っている様子を画面＋音声で記録すると，付箋がどのように貼られたり移動されたりしたのかについて振り返ることができるのである。

動画は身振り手振りへの着目を促すことができるが，話し手の様子が見えることで非言語情報に目が行きやすくなってしまう。一方の音声は，映像が削ぎ落とされているため話し合いの論展開や発言そのものに注目をさせやすい。また，音声を聞きながら Jamboard で付箋が移動する様子を見ることで，情報の整理の仕方についての検討も可能となる。

参考文献
上山伸幸『小学校国語科における話し合い学習指導論の構築—メタ認知を促す授業とカリキュラムの開発をめざして—』（溪水社，2021年）

単元指導計画（全5時間）

単元目標　◎話し合いを振り返る活動を通して，話し合いの進め方について知り，今後の話し合いで気をつけるポイントに気づくことができる。

次	時	○学習活動	● Chromebook の活用
一	1	○代表班の話し合いをフィッシュボウル形式（代表班が教室の中心で話し合い，その他の児童がその周囲から話し合いの様子を観察する方法）で行う。	●【Jamboard】代表班の児童が情報を付箋で整理する。観察者は付箋の動きを閲覧者として見る。 ●【スクリーンキャプチャ】画面＋音声で話し合いを記録する。
一	2	○代表ペアの話し合いを画面＋音声の記録で振り返り，話し合いの進め方について考える。	●【Jamboard】文字化資料を背景に設定し，各班で分析を行う。 ●【ドキュメント】気づいたことをワークシートにまとめる。
二	3	○各グループで話し合い，その様子をスクリーンキャプチャ機能により記録する（代表の児童もしくは，グループ全員の Chromebook で行う）。	●【Jamboard】話し合いで，情報を付箋で整理する。 ●【スクリーンキャプチャ】話し合いの様子を画面＋音声で記録する。
二	4	○各グループで画面＋音声の記録を見直しながら，話し合いの進め方について考える。	●【ファイル】動画を再生する。 ●【ドキュメント】気づいたことをワークシートにまとめる。
三	5	○単元で学んだことを整理し，今後の話し合いで気をつけるポイントについてまとめる。	●【ドキュメント】気づいたことをワークシートにまとめる。 ●【Classroom】ワークシートを提出する。

展開1 （1／5時）

本時の目標 　　○代表班の話し合いを観察して，話し合いの進め方でよかったところや改善すべきところに気づくことができる。

○学習活動	・留意点　● Chromebook の活用
○本時のめあてを確認する。 グループ・ディスカッションを観察して，気づいたことを書こう。 ● Jamboard を使った情報の整理の仕方について知る。 「今回の話し合いでは前半でアイデアを出し合い，後半でアイデアを二つに絞り，どちらがよいかを考えるという展開で話し合いをしてみましょう。」 ●代表班の話し合いをフィッシュボウル形式で観察する。 「代表班の話し合いを観察しながら，話し合いの進め方で気づいたことがあればメモしましょう。」 ●代表班に話し合いをした感想を確認した後に，観察者が感想を記述する。 「代表班の話し合いを見ていて気づいたことはありますか。よかった発言や，改善できそうな点などについて具体的に書きましょう。」 ○次時の予告をする。	・単元の見通しをもたせ，本時で扱う話題「もしも修学旅行の行き先を決められるならどこへ行きたいか」を提示する。 ●【Jamboard】話し合いの展開を図示した画像を背景に設定する。代表班の4名を編集者とし，その他の児童を閲覧者として設定すれば，代表者以外が誤ってデータを消してしまう心配がなくなる。 ●【カメラ】教師が動画で記録する。発展型として，教師がホストとなって Meet を起動し，代表者が Meet 上で話し合う様子を Meet で録画する方法も考えられる。 ●【フォーム】観察者の気づきを収集する。それぞれの手元でメモをとらせるだけでもよいが，そうした内容をフォームで収集すれば，短時間で意見を集約することができる。

展開１の詳細・解説

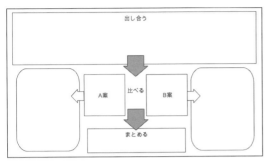

代表班の４名には，上段に示したような Jamboard を共有する。この Jamboard の背景には，教師があらかじめ作成した画像が貼り付けられている（ここでは話し合いの手順を図示した画像を例示している。教師が Jamboard で四角や矢印の図形を挿入することで枠組みを作成し，右上の「その他の操作」から「フレームを画像として保存」を押し，「背景を設定」から保存した画像を選択する）。

また，今回はアイデアを出し合った後に，二つのアイデアについて比較検討する話し合いの手順を示している。これは，ディベート型の論題に見られるように，二項対立であることによりそれぞれの違いが浮き彫りになること

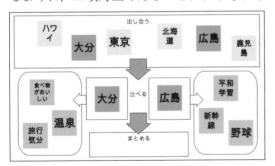

が予想されたことによる。ただし，A 案と B 案の検討から新たな C 案が出てくるケースもあるため，その点については児童に補足をしておきたい。

ここで重要なのは，比較の結果，最終的なアイデアが備えているべき条件（すなわち，結論を決めるための「決め手」）が浮き彫りになることである。そのため，場合によっては二つの選択肢に絞られた後の話し合いのみを取り上げることも考えられる。この場合は，二項対立型の話題をディベートの論題などを参考にしながら設定し，上記の画像の下半分を拡大するとよい。

展開2（2／5時）

本時の目標　　○代表班の話し合いの文字化資料を分析し，話し合いの進め方に気づくことができる。

○学習活動	・留意点　● Chromebook の活用
○本時のめあてを確認する。 　話し合いの記録を分せきして，話し合いの進め方について考えよう。	・振り返り活動を通して，自分たちの話し合いに活用できるポイントを見つけるよう伝える。
●話し合いの画面＋音声記録を見る。 　「昨日の話し合いの記録を見てみましょう。情報の整理の仕方に着目してみましょう。」 ●話し合いを分析する。 　「昨日の話し合いでよかったところを書き込みましょう。」 　「よかったところの他に改善点もあれば書き込みましょう。」 ●全体で分析結果を共有する。 　「代表班の話し合いのよかったところや改善点を具体的に発表しましょう。」 ●個人での気づきをメモする。 　「次の各グループの話し合いで気をつけたいことはどんなことですか。」 ○次時の予告をする。	●【ファイル】話し合いの記録を教師用の Chromebook で再生し，その画面を電子黒板等に投影する。 ●【Jamboard】各グループでよかったところと改善点を付箋に書き込む。この際，付箋の色を指定することで，全体共有の際に判別しやすくなる。 ●【Jamboard】全体共有用の Jamboard で各班の考えを整理する（具体的な場面を参照する際は別の端末から動画を再生してもよい）。 ●【ドキュメント】あらかじめ作成しておいたワークシートに学んだことを書き込む。次時以降も記述を重ねていくことで単元のまとめに生かす。

展開２の詳細・解説

　　これまでの話し合いの振り返り活動で使用される媒体は、「映像」「文字」「音声」の三つであった。これらのうち、「映像」はそのほとんどが話し合いの様子を外側から撮影したものであったが、Chromebook に備わっている「スクリーンキャプチャ」の機能により、端末の画面と周囲の音声を同時に記録することが可能になった。

　今後、Jamboard のようなホワイトボードアプリが、話し合いでの考えの「見える化」に活用される場面は増加することが予想される。「スクリーンキャプチャ」を活用して、話し合いの前半・中盤・後半の展開を、付箋の動きや書き込みなどを見返しながら振り返ることができれば、各教科の話し合いで活用可能な「話し合いの進め方」の学習が実現すると考えられる。

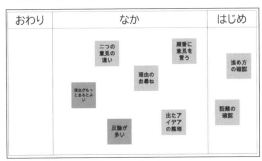

　　教師が全体で記録を再生している過程では、個人での気づきをメモしておく。その後、各班に割り当てた Jamboard において、よかったところを水色の、改善点をピンク色の付箋で記入をすることにより分析結果を共有する。

　分析過程においては、指導のねらいである話し合いの進め方や、アイデアを決める過程で重要になる「理由づけ」に加え、話し合いが活性化する契機となる「反論」に着目させたい。ただし、二項対立の局面で反論のみが連続すれば話し合いは言い合いに陥るため、「……という点はわかります」のような相手の考えを「受容」する発言の効果についても考えさせたい。

2 「書くこと」の授業プラン

「見つけたことをつたえよう」（2年）

関連教材：「かんさつ名人に　なろう」（光村2年）
　　　　　「かんさつした　ことを　書こう」（東書2年）
　　　　　「様子をよく見て，くわしく書こう」（教出2年）など

教材の特性

　低学年の学習は，自ら何かを見つけて，それを学習材としていくことが基本である。最もわかりやすいのが，生活科の「気づき」である。気づきがないのに，地域について学んだり，ミニトマトを育てたりしても，知識と浅薄な体験を与えるだけで学習の広がりも深まりも生まれない。気づきこそが学びのモチベーションになるのである。児童の人生において始まったばかりの「書くこと」においても，観察したことによる「気づき」を大事にし，それを表現につなげていくことが充実した学びにつながる。

　もちろん，観察記録文の学習で，よく見て，あるがままに言葉で書き写すことは大切である。そのための観察の仕方やその書き表し方を指導することは必要となる。例えば，ミニトマトの観察をし，その成長の様子をまとめるときに，ただ大きくなって，花が咲き，実が成り大きくなってミニトマトを収穫することができたということを書いても人の心に届く記録文にはならない。草丈が大きく成長するときには，1日にどれくらい大きくなったとか，一つの枝にいくつくらいの実が成ったとかといったそれぞれの児童のこだわりが生まれるような気づきの観点の獲得や気づきの掘り起こしを促すような関わりがあれば，書けない児童はほとんどいなくなると考える。

ただ，それだけで終わってしまっては，観察して自分だけが見つけた気づきに対する喜びを表現することからはほど遠い。観察することで生まれた喜びや驚きを子供らしい言葉で十分に表現できるようにすることが，学びの質を高める。そのためには，児童の気づきに対して，教師から，あるいは児童同士で，「その時どう思った？」とか「それはうれしかったねぇ！」といった声かけがされるような機会を設定することで，自分の思いを意識できるようになるだろう。

　このように，観察記録文という低学年の学びを考えるとき，写実する技能を身につけながら，それぞれの児童の対象に対する思いを言葉に表現する技能を身につけるという二つのことを同時に可能にする指導が求められる。両者にピンポイントに働きかけながら，統合していくような学習活動を設定したいものである。

Chromebook 活用のポイント

●内蔵カメラのカメラ機能を活用する

　本単元は生活科の野菜づくりと関連づけながら行うという設計で考えた。当然，「気づき」を促すために積極的に観察を行うのだが，観察時にデジカメ等で画像に収めておくということは多く行われている。タブレットの構造上の特徴として内蔵カメラが当たり前のように装備されていることが挙げられる。このカメラ機能を使わない手はない。持ち運ぶには多少大きく重さもあるので，ペアで1台とか同じ野菜を育てているグループで1台とかというようにしてもよいだろう。

●撮った画像をアーカイブ化し，必要なものを選んで使う

　教師にとっては少し仕事が増えるが，児童が撮った画像を野菜ごとにフォルダーの中に収め，アーカイブ化しておきたい。そうすることで，みんなが撮った画像を共有し，自分の説明に必要なものをその中から選んで使うことができるようになる。

　この学習で重要なのは，観察したことを適切な文章として書くことである。

本来，画像は使っても使わなくてもよいのだが，画像があることにより，児童が自分が説明したかったことが何なのかをはっきりさせることができるし，また，数枚の画像を選んで説明に使うことによって説明の流れ＝順序を意識した構成をすることにつなげることもできる。

●紙媒体での作業とタブレット上での作業をうまく組み合わせる

　PC やタブレットを使ううえで，最も頭を悩ませることの一つが，機器やアプリの機能と児童の発達段階などを踏まえた指導の系統性をどう関連づけるかということだろう。わかりやすい例が，キーボード入力は何年生からさせることができるかということである。

　Chromebook を立ち上げること自体にもパスワード入力が求められるようだと，１年生から少しずつ入力の仕方を教えていくことになるが，それでも様々な作業に耐えられるキーボード入力ができるようになるのはもう少し先のことである。そこで，本単元では，読んだり見たりする部分では可能な限りデジタルに依るが，書くこと，記述のための文字入力は用紙に手書きでという形をとることにした。そうすることで，集中力やエネルギーを削ぐことなく，構想したことの記述に集中して向かえると考えたからである。全てにおいてデジタル化するのではなく，児童に付けたい能力のために，どこをデジタル化することがよいかを考えることが重要である。

● Jamboard を使って発表会を共有

　Jamboard のよさは，同時編集（入力）が可能なことである。しかも，書き込んだものが瞬時に閲覧できる。これを手書きの短冊や黒板への書き込みでやろうとすると児童の移動も大きいし何倍もの時間もかかる。

　可能なら付箋を貼り付けてもよいが，キーボード入力を避けるのなら，ホワイトボードに感想を書き込むことがよい。しかも，全員で書き込むので，「一言」と限定し，グループごとの書き込み枠も決めておくことでスムーズな活動となる。「一言」であれば記入者の思いが込めやすいし，発表者にも伝わりやすい。

単元指導計画（全8時間）

単元目標　◎生活科で栽培した野菜についての観察をまとめ，印象に残っていることを中心に順序立てて観察記録文にすることができる。

次	時	○学習活動	● Chromebook の活用
一	1	○観察記録文について知る。 ○育てている野菜の観察記録文を書くことを伝え，学習の見通しをもつ。	（日頃からカメラ機能を使って気づいたことを記録しておくようにする）
	2	○過去に観察したことを振り返り，説明に使ってみたい画像の題名を書く。	●【Classroom】画像一覧から使ってみたい画像を選んで，同じ野菜グループで共有し合う。
二	3	○メモから，書く内容を決める。	（ドキュメントのプリント画像を切り抜き，ワークシート上に説明や感想を書く）
	4	○組み立てを考える。	●【Classroom】選んだ画像を画面上で並び替え，グループ内で画像を使ってスピーチ形式で紹介する。
	5	○観察文を書く。	●【ドキュメント】プリントアウトし，余白に説明を書き込む。
	6	○読み直して，修正し，清書する。	（ペアの相手に読んでもらいアドバイスを受ける）
三	7	○発表会をし，感想を一言で伝え合う。(1)	●【Jamboard】（使えるようになっていれば）発表を聞いた感想をタッチ機能を使ってホワイトボードに一言（「わかりやすい」「面白い」など）の書き込みをする。
	8	○発表会をし，感想を一言で伝え合う。(2)	

展開1（2／8時）

本時の目標　　○観察したときに撮った画像を何枚か選んで，ペアの相手と共有し合いながら，印象に残ったものについてのメモを書くことができる。

○学習活動	・留意点　● Chromebook の活用
○本時のめあてを確認する。 しゃしんをえらんで，メモを書こう。	・簡単にこれまでの生活科の学習を振り返ることで，学びの意欲を高める。
●**画像を選ぶ。** 「これまでに撮った写真を，野菜ごとにまとめてあります。自分が育てた野菜のフォルダーを見て，説明に使いたい写真を選びましょう。」 ●**画像についてグループで話し合う。** 「選んだ写真を見ながら，同じ野菜グループで観察したときのことについて話し合いましょう。」 ●**画像にタイトルを付ける。** 「選んだ写真に題名を付けておきましょう。様子だけでなく，そのときの自分の気持ちがわかるような題名にするとよいですね。」 ○ペアで共有し，よいと思った点についてコメントし合う。 「隣の人と見せ合って，いいなと思ったところを伝えてあげましょう。」 ○次時の予告をする。	●あらかじめ過去に撮った画像を Classroom を使ってフォルダーにまとめて共有しておき，自由に閲覧できるようにしておく。選択した写真の貼り付け先については，ドキュメントでそれぞれの児童用のファイルをつくっておき，そこに貼り付ける。 ●【ドキュメント】の画面を見ながら画像のタイトルを短冊に記入する。短冊は多めに用意し，1枚の画像にいくつかのタイトルを考えて選ぶこともできるようにする。 ・よいところを認め合うことで，次時の意欲につなげる。

展開1の詳細・解説

　生活科の学習でも Chromebook の
カメラ機能を使って画像を撮りためて
おきアーカイブ化する。野菜ごとに
Classroom の資料としてまとめておく。

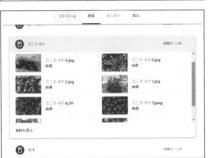

　自分が栽培や観察している野菜のフ
ォルダーを開き，自由に閲覧して自分
の観察記録に必要な画像を選べるよう
にする。説明に使いたい画像をコピー
し，ドキュメントファイルに貼り付け
る。

　それぞれの児童が，画像を貼り付けたドキュ
メントを見ながら，短冊にタイトルを書き込ん
でいく。
　対象となるのが2年生でもあるので，本格的
な作業は紙版でした方が思考も効率もよいもの
になるだろう。そこで，この画面をプリントし，
各自で画像を切り抜いて，紙版のワークシート
上で行うこの後の活動に活用する。

展開2（7・8／8時）

本時の目標　　○発表を聞いた感想を一言で表現し，感想を伝え合うことができる。

○学習活動	・留意点　●Chromebook の活用
○本時のめあてを確認する。 　わかりやすくはっぴょうしよう。 　かんそうをつたえ合おう。 ○発表会をする。 　「これからできあがった観察の記録を発表してもらいます。みんながつくったものを映すので，それを見ながら発表してください。」 ●感想を書き込む。 　「発表の感想を一言で考えてください。考えたら，Jamboard をChromebook に映しておくので，空いているところに指で書いてください。みんなが書き込めるように，大きさを考えて書いてくださいね。」 ○発表した感想，聞いた感想，コメントをもらった感想を話す。 　「発表して，友達の感想を聞いてどうでしたか。また，他の人の発表を聞いてどうでしたか。感想を話してください。」	・発表する側と聞く側の二つのめあてを提示し，話すことと聞くことの両方への意識を高める。 ・前時までに作成した観察記録文を実物投影機等でスクリーンに投影し，発表者，視聴者が共有する場とする。可能なら，PDF にしたものを Classroom で共有しながら発表をさせてもよい。 ●【Jamboard】感想書き込み用のホワイトボードを作成しておき，同一画面にタッチ機能を使って書き込みができるようにする。グループで書き込む枠を指定するなどして，見やすくなるようにする。事後に各自のページをプリントし，ファイルに綴じるようにする。 ・第7時には，次時に向けての改善につながるような発言を引き出したい。また，第8時には，単元全体全体を振り返るような活動にしたい。

展開２の詳細・解説

　記述段階での作業は，低学年の児童にとってはキーボード入力に不慣れな児童も多く，時間がかかることでストレスになり，本筋の記述の流れを妨げてしまうことにもなりかねない。そこで，本単元においては，説明に使う画像を貼り付け，プリントしたものに手書きで記述するという形をとることがよいと考えた。

　こうすることで，観察記録文作成に向けて準備してきた思考の流れと記述に向けての意欲を生かすことができる。

　共有の場面では，Jamboard のホワイトボードにそれぞれの感想を書き込むことを考えた。左図のようにグループごとの枠をつくっておき，そこに一言感想をタッチ機能を使って書き込ませる。「一言」と限定することで，表現力が鍛えられる。

　Jamboard のメリットは，同時に書き込んだものが全て反映されることである。時間短縮にもなるし，他の児童がどういう活動をしているかが瞬時にわかる。発表者にとっても満足度の大きい活動である。

「物語をつくろう」（4年）

教材の特性

　創作文は，学習指導要領においては，低学年では，「簡単な物語をつくるなど，感じたことや想像したことを書く活動」，中学年では，「詩や物語をつくるなど，感じたことや想像したことを書く活動」，高学年では，「短歌や俳句をつくるなど，感じたことや想像したことを書く活動」という言語活動例で示されている。

　創作文で鍛えることのできる能力は何かと問われると，記録文や報告文，意見文といった論理的文章に見られる明確な諸能力のように示すことは難しく，創造力や構想力といった目に見えにくい能力を上げることしかできないのが現実である。しかし，これらの能力は他の文種の学習では身につきにくい能力であり，数少ない指導の機会をぜひとも生かしたい。

　中学年での物語の創作においては，もちろん楽しみながら構想したり記述したりすることは重要であるが，同時に矛盾のない文脈を構築することも求めたい。そこで今回は，身近にあるものを文脈に取り込み，それをきっかけに物語が展開していくことを仕掛けとして取り入れることにした。このことにより，人物が何らかの事件に遭遇し，物語が展開するという「偶発的」な物語の発生によることが多い低学年の物語創作との差別化を図った。

　身近にある物によって登場人物の間に何らかの事件を生み出し，それを解決していくプロセスを描いていくことにより，より複雑な文脈を考えなけれ

ばならない状況をつくり出す。さらにそこに起承転結の展開のパターンを盛り込むという条件を設定することは4年生にとっては難しさが増すとも考えられる。しかし，逆に思考を活性化し，物語中のいろいろな要素を矛盾のないように結びつけ，メリハリのある展開をつくり出すことにつながると考える。

　物語創作の評価は，最終的には面白いか面白くないかである。論理的文章であれば多少面白くなくても，役に立つものであればよい評価を得ることもできるが，創作では読み手の琴線に触れるかどうかが全てである。そうであれば，子供たちに満足できるような結果を導くには，「面白いものが書けた」と思えるように書かせてやらなければならない。そのためには，読み手を意識しながら構想し書くことができるようにすることが近道である。できる限りペアでの共有やアドバイスを多く取り入れ，さらにそこにChromebookでの活動を盛り込むことで，相手意識を高め，より面白いものを書くのだという意欲を高める活動にしたい。

Chromebook 活用のポイント

● Jamboard を使って構想する

　これまでに行ってきたアナログでのアイデアづくり，つまり構想では，ノートに箇条書きしたり，付箋に書いて貼ったり，ときにはマッピングを行ったりしてきた。もちろん，これらの方法は十分に効果のあるものだったが，一度書いてしまうとそこから離れられなくなりアイデアが広がらないとか，紙の上では自由な作業ができないなどの制約が多少なりとも存在した。

　そこで，Jamboard を使うことにより，箇条書き，付箋，マッピングのようないろいろな機能を併せもった方法で，手を動かしながら構想できる。ホワイトボードの中央に物語で使おうとしている「身近にあるもの」を付箋に書いて置き，その回りに人物を配置していき，さらに人物を巡って起きる事件などを付箋に書き入れ貼り付けていく。ちょっと違ったと思えば付箋を削除すればよいし，人物同士の距離なども付箋を移動すれば簡単にできる。人

物ごとに色を変えるなどすれば，自分だけの構想図ができあがっていく。

●作成した構想図を共有し，磨きをかける

　できあがった構想図（ホワイトボード）をペアやグループで共有しておけば，他の児童が付箋を動かすなどしてアドバイスすることもしやすい。多くの文字を入力することが難しい児童がいる中学年では，このような記述以前の活動に，Chromebook を積極的に取り入れたい。

　ホワイトボードに付箋を貼って自分の書こうとする文章の構想をデザインするといった作業は，PC やタブレットならではのものである。そのこと自体が技術の進歩を反映した素晴らしいことではあるが，それだけなら国語科の授業にわざわざ取り入れなくてもよい。国語科は，人と人が言語を通して学び合うことを貫かなければならない教科であり，PC やタブレットの優れた技術を人と人とのコミュニケーションに生かすことに存在意義があるといってもよい。ペアで意見を出し合い，より面白い物語をつくり出すためのきっかけとして，できあがった構想図を使うことに意味がある。

●ドキュメントを使って構成をする

　フォーマットに自分の考えた言葉を入れていく活動をするには，ドキュメントがぴったりである。ここでは，起承転結の形の展開を考え，構成を行うので，自分が考えている物語のアイデアを起承転結のそれぞれの場面に当てはめていくことを児童に求めることになる。

　そこで，自分が考えている物語の始まりを「起」とし，後に続く「承」「転」「結」について，その働きを象徴するような接続語をフォーマットに書き入れておく。そうすることで，起承転結の流れを理解しやすくなるとともに，おぼろげだったアイデアが児童自身の中ではっきりとした形をもつようになると考える。

● Jamboard でコメントする

　原稿に感想を書いた付箋を貼っていく従来の方法でも十分に交流，共有ができるが，付箋は剥がれやすく散逸してしまうこともある。Jamboard のホワイトボードを個別に用意することで，より相互評価がしやすくなる。

単元指導計画

単元目標　◎身近にあるものからストーリーを考え，起承転結を意識して物語を書くことができる。

次	時	○学習活動	● Chromebook の活用
一	1	○身近な物から物語をつくること伝え，「消しゴム」からできた物語として，「消しゴムころりん」を紹介する。	●プロジェクターまたは各自のChromebook で挿絵を映しながら読み聞かせする（自由に想像することの大切さ，楽しさを伝える）。
	2	○何から物語をつくるかを決め，主人公を考える。 ○起承転結について「お手紙」を例に説明する。	●【Jamboard】中央に物を置き，回りに人物を付箋で置いていく。 ●【Jamboard】「お手紙」のイラストを使って効果的に説明する。
二	3	○ペアでアイデアを共有し，より面白くなるよう話し合う。	●【Jamboard】前時分に加筆した後で，画面を見ながら説明し合い，感想やアイデアを伝え合う。
	4	○起承転結に合わせて構成を考える。	●【ドキュメント】「起」に続く「承」「転」「結」についてそれぞれ「すると」「ところが」「こうして」で始まるフォーマットを記入し，ペアで共有する。
	5 6	○構成を基にして記述する（記述は手書きで行う）。	（途中で「コメントタイム」を設け，ペアで読み合ってコメントする）
三	7 8	○原稿を机の上に置き，自由に読めるようにしておき，読んだらコメントを書き込む。	●【Jamboard】読んだらその児童のホワイトボードにコメントを貼り付ける。

展開1 （2／8時）

本時の目標　○物語のきっかけにする身近な物を決め，物語の方向性を決める主人公について考えることができる。

○学習活動	・留意点　● Chromebook の活用
○本時のめあてを確認する。 何から物語をつくるかを決めて，主人公を考えよう。	・前時の「消しゴムころりん」を想起したうえで課題を確認することで，学びへの意欲を高める。
●何から物語をつくるかを決める。 「みんなの近くにある物を使って『消しゴムころりん』のような物語を書いていきます。近くにある物で，どんな物語ができるか考えてみましょう。その中から，一番面白い物語ができそうな物を選びましょう。」	・まず，ペアでいろいろな物を出し合い，どんな物語ができるかを話し合う。 ●【Jamboard】ホワイトボードを各自に用意しておく。ホワイトボードの中央に考えた「物」の付箋を貼り付ける。
●主人公を考える。 「決めた『物』で物語をつくるために，どんな人物が必要か考えましょう。」	●【Jamboard】「物」の回りに人物を付箋に書いて貼り付けていく。主人公と物語の進行に必要な人物に分けて考えるように指示する。
●起承転結について「お手紙」を例にした説明を聞く。 「この後，物語の組み立てを考えていきます。起承転結という組み立て方があるので，みんなが2年生の時に読んだ『お手紙』を例に説明します。」 ○次時の予告をする。	●【Jamboard】「お手紙」のイラストを使って起承転結を説明する。第4時で起承転結を意識するために使う接続語を意識的に取り入れる。例えば，「起」についてのストーリーを児童から引き出した後で，「すると？」と誘い言葉をすることで，「承」に当たるストーリーを引き出していく。

展開1の詳細・解説

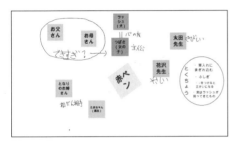

　授業前に，Jamboardで各自のホワイトボードを作成し，グループごとで共有ファイルとして登録しておく。授業では，まず，自分が書く物語のきっかけとなる小物を付箋に書き入れ中央に配置する。この時点で，この小物から出てくるイメージや発想をホワイトボードの端の方に書き込んでおくようにする。

　次に，主人公をどんな人物にするかを考え，付箋にして貼る。さらに，脇役となる人物や周辺の人物を書き入れていく。人物の情報や人物同士の関係も手書きやテキストで入れていくとよい。途中や後半にペア同士でアイデアを聞いてもらう時間をつくると，自分の考えを明確にすることにもつながるので，積極的に取り入れたい。

　起承転結を示すために「お手紙」を例に説明する。イラストをスライドに貼り付けて示し，どのように展開が変わっているかを考えさせる。スライドに「そこで」などの接続語を入れておくことで，展開の分節を意識できるようになり，第4時の学習に生かせると考える。

展開2（4／8時）

本時の目標　　○フォーマットの接続語をうまく使いながら，起承転結の構成を考えることができる。

○学習活動	・留意点　●Chromebook の活用
○本時のめあてを確認する。 〔起しょう転結に合わせて物語のこう成を考えよう。〕 ○フォーマットの説明をする。 「ドキュメントを開くと，構成をするための表があります。この表に大まかなあらすじを入れていきます。」	・「お手紙」の起承転結を思い出しながら，本時の学習の見通しをもたせる。 ・プロジェクター等で示しながら，どういう作業をするか児童に気づかせるようにする。
●「起」の部分を書く。 「物語の最初を書きましょう。主人公がどういう登場の仕方をするかを考えて書きましょう。」 ●「承転結」の部分を書く。 「次に，『承転結』を書きましょう。それぞれ，はじめに『すると』『ところが』『こうして』という接続語が付いているので，その接続語に合う内容で書くとうまく起承転結になります。」	●【ドキュメント】「起」に続く「承転結」についてそれぞれ「そこで」「ところが」「こうして」で始まるようにフォーマットを作成しておく。自分用のファイルを開き，考えながら記入していく。 ・まとめきれていない児童も多いと思われるので，一つの場面にいくつかの項目を書いてもよいことにする。
●ペアで紹介し合う。 「構成の画面を見せながらペアで紹介しましょう。よいところをほめてあげてください。こうしたら面白いというアイデアも伝えてあげてください。」 ○次時の予告をする。	●【ドキュメント】画面を見せながら共有する。接続語がうまく機能しているかどうかを目安としてチェックさせる。 ・次時以降の記述の意欲づけになるように，面白かったところを積極的に挙げるようにする。

展開２の詳細・解説

　構成のためのワークシートをドキュメントを使ったフォーマットとして作成しておく。本単元では，起承転結の形をつくることによって，児童に展開の面白さを感じさせながら考えられるようにする。

　４年生にとって，起承転結の形に当てはめていくのは難しいかもしれないが，「起」を受けての「承転結」にそれぞれ接続語を割り振っておくことにより，むしろ考えやすいものになると考える。

　実際に書き込んでいく構成の記事は左の画像のようなものになる。

　「起」では，物語の設定や主人公の人物像の輪郭が捉えられるような内容，そして，事件の発端が設定される。それを受けて「承」では，少しずつ事件が広がっていくのであるが，それを「そこで」という接続語が引き出す役目を担っている。

　創作の学習では，いかに児童の中にあるアイデアを引き出せるかが勝負であり，その工夫をタブレットの利用で可能にするのである。

「意見を伝える文章を書こう」（6年）

関連教材：「みんなが過ごしやすい町へ」（光村5年）
「環境問題について報告しよう」（東書5年）
「提案文を書こう」（教出5年）
「私たちにできること」（光村6年）
「世界に目を向けて意見文を書こう」（東書6年）
「自分の考えを発信しよう」（教出6年）

教材の特性

　意見文の指導は，「書くこと」の指導の中でも最も難しいといえるだろう。児童にとって意見文を書くことが難しいうえに，教師の側もどう指導したらよいかよくわからないまま，教科書に書かれている通りに簡単な指導をしているだけの状況を見ることが多い。児童の側に難しいことを簡単に指導してもそれは指導したことにはならない。児童の困難の一つ一つにしっかりと対処できてこそ指導したといえるだろう。意見文の学習にタブレットを取り入れるのであれば，その困難の解消に働くように生かすことを考えるべきである。

　意見文を書くうえで大切なことは，要件を満たし整った意見文を書き上げることではない。それらは他の文種の指導で十分にできるのであり，意見文の学習でこそできることは意見形成である。逆にいえば，意見形成がしっかりとされていない形の整った意見文を書くことができても，それは児童にとって実りのあるものではないのである。意見形成は簡単にいえば自らの頭で考えてしっかりとした意見を導き出すことである。しかし，意見文の意見形成だけでなく，学習においても日常においても自分の考えを導き出すことを苦手としていることは過去に行われてきたPISA調査などの結果やそれを克服しようとする学習指導要領の改訂の状況を見ても明らかである。

　では，児童によりよい意見形成をさせるにはどうしたらよいか。それは，

意見形成しなければならないテーマを設定することである。例えば，「環境問題を考える」といったテーマを設定したとすると，児童は，「地球温暖化を止めるために，電気の無駄遣いをしないようにします。」「できることから少しずつ取り組んでいきます。」といった既成の結論をどこからか引っ張ってくる。そこには意見形成はないといえる。自ら結論を考え出したり，それが難しければ，いくつかある解決方法の中で最善のものを選ぶなどの主体的にテーマに向かう姿勢をつくることが必要であり，そのために最も近道なのが工夫されたテーマの設定なのである。

　次なる問題は，児童がよりよい題材を設定できたとしても，どうしても書けない児童が出てくることである。その児童にどうやって書かせてやれるか，その手だては，タブレットで思考を活性化することとペア等の関わりをたくさんつくって相談しながら書くことを進めることである。前者については，小学校最終学年でもあるので情報スキルを駆使して作業の効率化を図ることとともに，よさを生かすような活動とすることが求められる。後者については，他者と話し合い，アドバイスすることを自分の意見文作成につなげること，つまり，他者との関わりによってメタ認知を促し，それを生かしていくことを期待したい。

Chromebook 活用のポイント

● Jamboard を使ってテーマについて話し合う

　「持続可能な生活の提案をしよう」は，非情に幅広い切り口をもつテーマである。それぞれ関心のある領域が異なり，また同じ領域であっても，さらに取り組みは多様になる。このようなテーマは，児童の積極的な意見形成を促すのにぴったりである。そして，その多様さを引き出すために，バズセッションという形で自由な考えの出し合いをしたいと考える。そこで，Jamboard を活用することで，自由な話し合いと多様な意見の可視化という二つのことを可能にしていく。そして，そのことが次時以降に行う個人の題材設定や構成につながっていく。

Jamboard を使うことで，気軽に考えを付箋にし貼り付けることができるし，変更も削除も自由にできる。さらに，必要に応じて，グルーピングやピラミッド型のまとめ（ピラミッド・ストラクチャー）を使った情報整理なども可能である。

●検索ワードを工夫して Google で検索する

　児童は，既に低・中学年の頃から Google 等の検索エンジンを使って日常的に調べ物をしている。したがって，6年生の児童にとって授業に検索を取り入れることは取り立てて新しい学習ではない。しかし，検索ワードを工夫したり，複数の検索ワードを入れて検索することで，検索名人になれることを伝え，自分のテーマに合った質の高い情報に到達できるようになることを目指したい。

　例えば，レジ袋の有料化でエコバッグを持参することのメリットについて提案する場合に，「レジ袋」「エコバッグ」などで検索すれば肯定する意見は数多く見出せるが，同時に「レジ袋」「必要」「困る」などの反対意見のワードを組み合わせて検索することで，いろいろな意見があることを知り，さらに深く考え，その子なりに判断することにつながるのである。

●ドキュメントを使って記述をする

　テキスト入力の方法について著者は，今のところ，低学年では手書きを中心とし，中学年では徐々にドキュメントなどの文書作成ソフトを使えるようにし，最終的に高学年で文書作成ソフトでテキスト入力するようになればと考えている。低学年でも鍛えればタブレットを使ってテキスト入力することもできるが，年齢が上がれば手書きの機会は少なくなるのだから，「打つ」のではなく貴重な「書く」機会と捉えたい。

　本単元では，テキスト入力することで推敲や清書についての効率化にもつながる。また，ドキュメントへのコメント入力を行うことで，わかりやすい言葉でアドバイスをしながらコメント入力のスキルを身につけることにもつながる。

単元指導計画（全8時間）

単元目標　◎持続可能な社会というテーマで，興味をもったことについて生活の中でできそうなことをいくつか挙げ，その中で最善の取り組みを考えることで，根拠を意識した意見文を書くことができる。

次	時	○学習活動	● Chromebook の活用
一	1	○5年生の意見文の学習を振り返り，書き方のポイントを思い出す。 ○テーマ「持続可能な生活の提案をしよう」について説明を聞き，考えを出し合う。	●【スライド】ポイントを提示する。途中，クイズ形式で確認できるようにしておく。 ●【Jamboard】持続可能な生活のアイデアを付箋で出し合い，共有する。
	2	○テーマについてグループで話し合い，自分が提案しようとすることを選ぶ。	●【Jamboard】前時を踏まえて付箋でアイデアを出し，グループで話し合う。
二	3	○興味をもったことについて，インターネットで材料を集める。	●【Google】検索ワードを工夫する（記録は，ノート，Chromebook の使いやすい方で行う）。
	4	○調べたことの中で，最もよい方法は何かを考え，まとめる。	●【Jamboard】そう考えた理由をまとめる。
	5	○はじめ，中，終わりに分けて，構成表にまとめる。	●【ドキュメント】整理し，グループで共有し，修正する。
	6 7	○書き出しを考え，前半を書く。 ○途中経過をペアで読み合い，アドバイスし合う。 ○結論を考えながら後半を書く。	●【ドキュメント】(Chromebook で入力するという設定)「コメントタイム」を設け，ドキュメントを共有し気づいたことを「コメント」で書き込む。
三	8	○グループで発表会をし，コメントし合う。	●【ドキュメント】口頭で感想を述べたり文末にコメントを書き入れたりする。

展開１（１／８時）

本時の目標　　○テーマについてグループで考えを出し合うことで，単元の見通しをもつとともに，自分の考えたいことを絞っていく。

○学習活動	・留意点　●Chromebook の活用
●5年生の意見文の学習を振り返り，書き方のポイントを思い出す。 「5年生では，校内の問題について，どうしたら解決できるか自分の意見を意見文にしましたね。意見文を書くために，どんなコツがありましたか。」 ○テーマについて説明を聞く。 「テーマは，総合の学習で取り組んでいる SDGs に関することで，『持続可能な生活の提案をしよう』です。」 ○本時のめあてを確認する。 意見文のテーマについて考えよう。	●【スライド】ポイントをスライドで示す。途中に，確認するためにクイズ形式のコーナーを入れておく。答えは，児童それぞれが，Jamboard の付箋に書き込み貼り付ける。時間をかけず簡単に答え合わせをして，次に進む。 ・意見文のテーマ（題材）は，子供たち自身と関わりのあることを選ぶ。そうすることで，こだわりが生まれ積極的に意見形成がなされる。
●テーマについて説明を聞き，考えを出し合う。 「テーマは，総合の学習で取り組んでいる SDGs に関することです。『持続可能な生活の提案をしよう』です。どんな提案ができるか，Jamboard でアイデアを出し合いましょう。」	●【Jamboard】グループごとにホワイトボードをつくっておく。まず，これまでに学んだことや知っていることを付箋に書き貼っていくが，その際，17の目標を見出しにしながらまとめていくと整理しやすいことを伝える。
●全体で，グループの Jamboard を見ながら共有する。 ○次時の予告をする。	●【Jamboard】ここでは，プロジェクター等で投影した画面で共有することで，視線を上げ，協働を意識するようにする。

展開１の詳細・解説

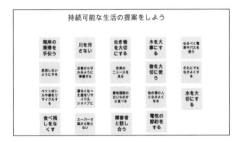

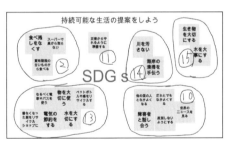

Jamboard を使って授業前に作成しておくホワイトボード（ワークシート）は左の画像のような簡単なものである。このように，ほとんど白紙の状態から作業が始められるのが，Jamboard のよさでもある。今回は，グループに１枚作成し，共有できるようにしておく。

グループ活動が始まったら，自分が考える「持続可能な生活の提案」を書き入れていく。この段階では，総合的な学習の時間で取り組んでいる SDGs で学んだことなどをヒントに自由に書き込んでいく。情報を独り占めするのではなく，自分の情報が他者のアイデアとなったり，他者の情報が自分のアイデアにつながったりすることで，より思考が活性化することを体感させたい。

情報を出し終わったら SDGs の目標ごとに付箋を整理していく。この活動により，SDGs という大きな目標のために17のアプローチの仕方があり，その17の目標それぞれの中にもいくつものアプローチの仕方があることを再確認する。そして，自分なりのゴール＝意見形成をすることの大切さを感じながら，思考を進めることにつなげるのである。

展開2（5／8時）

本時の目標　　○はじめ，中，終わりの柱ごとに書きたいことを入れていくことで，論理的に構成をすることができる。

○学習活動	・留意点　● Chromebook の活用
○本時のめあてを確認する。 　構成を考えよう。	・前時に考えた自分の意見をみんなにわかってもらうためには，構成が重要であることを伝え，めあてに対する意欲をもたせる。
●はじめ，中，終わり，それぞれの内容を考え，柱を示す。 　「はじめ，中，終わりそれぞれどんなことを書いたらよいと思いますか。」 　（構成の柱として，はじめ「書こうとすること」「興味をもった理由」，中「問題を解決するために考えられる方法」「それらのよさと課題」，終わり「その中で一番よいと思う方法」「その理由」を示す）	●【ドキュメント】それぞれの過程の柱をドキュメントの表に記入していく（自分の考えを自分で書いていく姿勢をつくるためにも，あえて前もって表に記入しておかず，柱を自分で書き入れることで主体的になると考える）。
●構成を考え，構成表に記入する。 　「構成表のはじめ，中，終わりの柱ごとに記入していきましょう。」	●【ドキュメント】前時までに調べ，考えたことを，展開の順になるように整理しながらまとめ，記入していく。
●画面を見せながら説明し，意見を聞いて修正する。 　「自分の画面をグループの人に見せながら説明して，つながっているか，わかりやすいかを聞こう。」 ○次時の予告をする。	●【ドキュメント】タブレット上で共有するより画面を見せ合った方が共有感が大きく，積極的にアドバイスできるだろう。修正の時間を取れるよう，時間配分に気をつける。

展開2の詳細・解説

意見文の学習では，ある程度情報収集や意見形成が進んだ後での，構成が納得できる形でできるかが記述の可否を左右する。なぜなら，意見文は極めて論理的な文章であり，書き出しから書き終わりまでの論理がしっかりとつながっていることが重要だからである。

そこで，今回は，ドキュメントを使って構成を考える。「はじめ・中・終わり」に柱を二つずつ設定しておき，この柱が論理のつながりをつくることになる。

構成を終えた段階のワークシートが左の画像である。本単元での意見形成は，中の「問題を解決するために考えられる方法」で挙げたいくつかの方法から最善を選ぶことである。それぞれに「よさと問題」があるので，それらの軽重を考え合わせ，「終わり」で結論を示すのである。

ドキュメント上での作業は，試行錯誤を積極的に行ううえで効果的である。

3 「読むこと」の授業プラン

カメラ機能で音読を録画する

「お手紙」（2年）

関連教材：「お手紙」（光村・東書2年）

教材の特性

　「お手紙」は全社の低学年用教科書に掲載されている定番教材である。そのため，既に実践もされ尽くして新しい形の実践が生み出されにくい状況にあると思われる。しかし，今回のタブレットの導入により，新たにできるようになることもあり，実践を切り開いていくきっかけとしたい。

　まず，教材の特徴を挙げてみよう。文学教材の特徴としては，大きく形式的なことと内容的なことに分けることができる。形式的な特徴としては次のように挙げられる。

・会話文が多い……かえるくん，がまくんのどちらの発言かわかりにくいものもあるので，明確にしておくことが必要となる。

・繰り返し表現が多い……同じことを繰り返しているが，意味は同じなのかを考えさせることが読み取りの大きなヒントになる。

・挿絵が効果的，イメージしやすい……挿絵と本文を結びつけて考えさせる低学年ならではの学習が可能となる。

　内容面での特徴としては次のことが挙げられる。

・人物のキャラクターが独特である……人物像を捉えさせる学習を設定させるには絶好の教材である。

・やってはいけないことを真面目にやっている……児童の意識とのギャップが面白さの元になっている。心から楽しませたい。

・冒頭場面と終末場面の挿絵が似ているが変化している……心情の変化，考え方の変化を考えさせる有効な手だてとなる。

　以上の特徴を踏まえ，この教材ならではの学習の方向性となる教材の特性として下記の2点を挙げる。

①かえるくん，がまくんという二人の人物の特異な行動の奥にある人物像が見えにくい

②心情の変化等を音読で表現するのに適しており，音読の仕方を考えることで意味を読み取らせることにつながる

　この2点から，単元を組み立てていく方向性として，表現読みをすることを通して二人の人物像を捉えることにつなげていくことが，児童の思考に沿ったものになるのではないかと考えた。音読を表現の手段として使うことは，実はとても難しいことである。プロの朗読家が読めば，場面のイメージや登場人物の心情などひしひしと伝わってくるが，私たち教師が読んでもなかなか表現できない。まして，2年生の児童なら……である。しかし，それでも音読で表現させようとするのは，その背景に児童の読みを活性化できるからである。このように音読するのは，こういう気持ちだから，という構図である。逆にいえば，しっかりと読み取らせていないのに，音読で表現させようとしても，あまり意味がないということになる。

　これらを踏まえると，本単元の「考えの形成」は，「どちらと友達になりたいかを考えて書く」ことにした。これも，十分に二人の人物像を考えたうえでの読み手としての主観を問うものであり，第二次でいかに十分に読み取りをしてあるかを問われるものになる。

Chromebook 活用のポイント

●画像の提示を効果的に使う

　低学年でのタブレットの活用として最も効果的なものとして，画像や動画が挙げられる。低学年の児童にとっては，文字，テキストよりもやはり画像や動画の方が魅力的である。

ただし，教師用の PC からプロジェクターに映し出すのであれば，これまでにもやってきたことである。子供たちの手もとにある Chromebook で画像を映しつつ，大画面にも同じものを映すことで，低学年の児童にとっては，自分の画像をみんなで共有しているのだという気持ちになる。そうなれば，自然と一生懸命に考えるし，積極的に発言するようにもなる。ここでは，第1時の教材との出合いの際に，挿絵を映しながら範読する。文章の内容と挿絵が重なり合い，挿絵がない場面のイメージを働かせることにもなる。

　Jamboard のホワイトボードも同様で，中・高学年なら Chromebook の画面だけで共有すればよいのだが，低学年ではやはり大画面でも共有することが全員参加を実現する元になるし，意欲の高まりも生むのである。

● Jamboard を使ったワークシートに手書きで書き込む

　先述したように，低学年ではキーボード入力が難しい児童が多くいることが推測される。活字に変換するなら音声入力という方法もあるが，無理に活字に変換しなくてもよい，あるいはそうしない方がよい場合もある。例えば，第二次で読み取るかえるくんとがまくんの心情を吹き出しで表現するような場合である。挿絵は手書きとの相性がよい。吹き出しの中に活字で入れようとするとかなり細かい作業が必要になり，やっている間に何を書こうとしたか忘れてしまうようなことにもなるが，ペン（指）を使った手書きであれば，スペースを自由に使って，自由な大きさの文字で書くことができる。

● Chromebook のカメラ機能を使い，音読を録画する

　内蔵カメラの機能をどのように使うかは，教師の ICT 活用のセンスを試される場である。なぜなら，何をどのように撮るかを児童に委ねるので，児童の可能性を広げることができるからである。また，これまでは設備面で記録できなかったことを可能にするので，どういう場面を記録し，記録したものをどう使うかのバリエーションの豊富さを問われるからである。

　本単元では，積極的に表現読みを取り入れることにしているが，グループごとに取り組んでいるものを評価することは難しい。しかし，Chromebook のカメラ機能を使えば，児童自らが自分たちの音読を評価し，改善できる。

単元指導計画（全11時間）

単元目標　◎各場面での二人の気持ちを読み取ったうえで二人の人物像を捉え，友達になりたいのはどちらかを考え文章にまとめる。

次	時	○学習活動	● Chromebook の活用
一	1	○範読を聞き，「お手紙」クイズをつくる。クイズ大会をする。	●【スライド】クイズ大会の予告をしてから，挿絵を画面提示し範読する。
	2	○場面分けを確認し，会話文の主体を捉える。音読練習をする。	●デジタル教科書を使い，色分けをしながら誰がいった台詞かを考え進めていく。
二	3	○かえるくん，がまくんについてどう思うか，考えを出し合う。	（最初の段階の二人の人物像の把握をする。イメージでよい）
	4〜8	○1〜5場面を読み，それぞれの場面での一人（二人）の気持ちを考える（「〜している○○の気持ちを考えよう」）。○まとめとして表現読みをする。	●【Jamboard】事前につくっておいたワークシートに，ペンで吹き出しに手書きし大画面で共有する。●【カメラ】グループごとに音読を録画し，音読した後で見直して，改善していく。
	9	○がまくんとかえるくんの人物像をまとめる（「○○くんは，〜な人ぶつです。わけは〜。」という形で）。	●【Jamboard】ホワイトボードに各自で付箋に書き込み貼り付ける。入力は，テキスト入力か音声入力かを選んで行うようにする。
三	10	○どちらと友達になりたいかを考えて書く。	（効率と児童のテキスト入力の能力を考えてノートに記述する）
	11	○書いたものを読み合い，なりたいと書かれていた人物になってお礼をいう。	（ノートを交換しながら，感想も伝え合う）

展開1 （5／11時）

本時の目標　○手紙を書きに家に戻ったかえるくんの心情を考え，読み取ったことを音読で表現することができる。

○学習活動	・留意点　● Chromebook の活用
○2場面を音読する。 ○本時のめあてを確認する。 手紙を書くかえるくんの気もちがつたわるように音読しよう。	・読み取ることが音読のよさにつながることを強調しておく。
●手紙を書きに家に戻ったかえるくんの気持ちを考える。 「手紙を書くために家に戻ったかえるくんの気持ちを考えます。Jamboard を開いて，今日のワークシートを取り出しましょう。吹き出しにペンを使って気持ちを書き入れましょう。」	●【Jamboard】ホワイトボードに簡単にイラストを描くか教科書の挿絵を画像として貼り付け，吹き出しを付けたワークシートをつくっておく。スタイラスペンで吹き出しの中に手書きする。
●何人かの記述を共有し，違いについて話し合う。 ●まとめとして表現読みをする。 「2場面の表現読みをグループでします。最初にどのように読むか話し合ってから音読しましょう。ビデオを撮りながら音読します。読み終わったらビデオを見て，どこを直したらいいか考えましょう。」 ○次時の予告をする。	●【Jamboard】書き込んだワークシートをプロジェクター等で大画面で映して共有する。 ●【カメラ】グループごとに音読を録画する。音読した後でビデオを見て，よかったところ，変えたいところについて考えを出し合う。

展開１の詳細・解説

事前に Jamboard のホワイトボードで吹き出しのあるワークシートを作成し，児童が各自で作業ができるよう共有しておく。挿絵は，教科書からのコピーでもよいが，教師によるものを貼り付けるとオリジナル感が出て児童の意欲を喚起するものになる。

画面の大きさも十分なので，挿絵と吹き出しでもスタイラスペンでの手書きにも対応できるスペースを確保できる。各自の書き込みの後，全体で数名の画面を共有し，それぞれの表現のよさを認め合い，かえるくんの思いの深さを感じる活動とする。

左図はグループでの表現読みの録画イメージである。録画へのカウントダウン機能を使えば２年生でも十分自撮りで対応できる。音読を録画しすぐに再生して確認するということはこれまでの環境では難しかった。様々な場面で活用することを期待したい。

展開2（9／11時）

本時の目標　〇物語全体から二人の人物を表す短い言葉を考え，話し合うことができる。

〇学習活動	・留意点　● Chromebook の活用
〇本時のめあてを確認する。 かえるくんとがまくんについてまとめよう。 ●がまくんとかえるくんの人物像をまとめる。 「今日は，かえるくんとがまくんについて短い言葉でそれぞれまとめます。『〇〇くんは，～な人ぶつです。わけは～。』という形でまとめましょう。」 ●隣同士のペアで，画像を見ながら理由を伝え合う。 ●ホワイトボードを大画面に映しながらかえるくん，がまくんそれぞれの人物像について全体で話し合う。 　㋕「やさしい」。手紙を書いたから。 　㋕僕も「やさしい」だけど，一緒に待っていてくれたから。 　㋑「さびしがりや」。手紙が来なくて悲しんでるから。 　㋑「おおげさ」。手紙が来ないくらいで悲しんでるから。 　㋑どっちなのかなぁ。 〇次時の予告をする。	・前時までの学習で得たことを基にして考える課題であることを伝えておく。 ●【Jamboard】ホワイトボード（全員で共有する，かえるくん，がまくんを別に作成）に各自が付箋に書き込み貼り付ける。入力は，「～な人ぶつ」の部分だけをテキスト入力か音声入力かを選んで行う。 ●【Jamboard】画面を見せ，「私が書いたのはこれで，～なかえるです。理由は～」のように説明する。 ●【Jamboard】まず，画面を見て，理由を聞いてみたい意見を取り上げ，理由を聞いていく。その後，同じだが理由が異なる，考えが対立するものを取り上げ，違いがある事柄が同時に人物の中に存在することに気づかせていきたい。 ●【Jamboard】児童の気づきをホワイトボードに矢印等で整理していく。

展開２の詳細・解説

事前に Jamboard のホワイトボードを使って左の画面のようにワークシートを作成し，共有しておく。児童が書き込む箇所は付箋に「？」で示しておく。

ファイルを開いた児童は，かえるくん，がまくんの人物像に迫るような特徴を付箋に書き込む。理由については，ペアでの共有の際に口頭で述べることを伝えておく。

　ペアでの交流では，記述したことと理由を併せて話すようなフォーマットを示して行い，聞きたいことがあれば，フリートークするよう勧めておく。

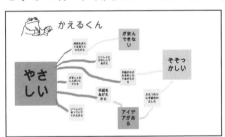

　児童から出された二者の人物像の捉えについて，それぞれのホワイトボードに付箋を使って整理していく。それぞれの性格や特徴を配置し，その理由を付箋にし，周辺に置いていく。一つの理由でも複数の性格・特徴の理由となっているものもあるので，手書きのペン機能を使って，結びつけていき，関係を捉えられるようにする。

「モチモチの木」（3年）

関連教材：「モチモチの木」（光村・東書・教出3年）

教材の特性

　「モチモチの木」，「お手紙」や「ごんぎつね」，「大造じいさんとガン」同様に全社の教科書に掲載されている定番教材である。特徴として，一見，昔話のように見えるが，作者，斎藤隆介の作品は基本的に民話風の童話であり，本教材もその一つである。それゆえ，心理描写に富み，磨かれた言葉により表現されている本教材は，昔話特有のシンプルな展開，心理描写や飾りのない文章表現とはスタイルを異にしている。このような前提に立って，さらに次のような特徴が挙げられる。

　この物語の構造は三人称限定視点であり，視点人物は豆太である。豆太の心理を追っていく構造である。モチモチの木の灯を見たいけれど暗いのが怖くて見られない豆太の葛藤を見事に描き出している。

　その葛藤を象徴するように，前半は，逆接で成り立っている。改めて読んでみると，そこに使われている逆接の接続語が多いことに気づくだろう。昼間は平気だけど，夜は怖い，モチモチの木の灯を見たいけど，怖いから見られないというように，豆太のうらはらな心情で埋め尽くされているのである。ところが，後半はそういう逆接の表現が一気に少なくなり，順接の物語となる。じさまが苦しんでいるから助けなければ，じさまが好きだから何とかしたいと自分の思いのままに行動する豆太が描かれるようになるのである。追い詰められることで，豆太は本来の自分を出すことができるようになるのである。

　このような構造を背景に，読み手は，「豆太」という人物の変化とそれを

見守る「じさま」の思いという二つの線を絡めながら読んでいく。豆太の思いを感じながらも，「今のままでいいんだよ」とでもいうようにやさしく見守るじさまの気持ちを感じ取っている。それゆえ，「腹痛はじさまと医者様が仕組んだことではなかったのか」という疑念を抱くことにもなる。周到に重ねられたストーリーと文章表現によって，複雑な読みが自然にできるようになる物語なのである。

　このような特徴に基づいて，著者は教材の特性として，物語の全体を通して豆太は変わったと読み取れるが，最後の一文でその読みを一気に突き崩されてしまい，本当のことがわからずじまいで終わってしまうすっきり感のなさがあると考えて，単元をデザインすることを考えた。洒落のわかる大人からすれば見事な落ちではあるが，子供たちのような真面目な読み手にとっては，モヤモヤ感が残る結末である。読書であればそのままでよいが，授業で扱うなら，このモヤモヤ感をすっきりさせて終わりたい。モヤモヤ感をすっきりさせたい教材として捉え，そこに「考えの形成」をと考えた。

Chromebook 活用のポイント

● Jamboard に挿絵をランダムに貼り付けておき，並び替えをする

　Jamboard は手軽に画像を貼り付けることも得意とするアプリである。単元の導入段階で，挿絵の並べ替えをして，ストーリーを把握，確認させることは従来から行われていたが，それに関わる教師の負担は決して小さなものではなかった。1 回の授業のために，拡大コピーをするなどして紙版で取り出し，マグネットを付けるなどの作業をしなければならず，一人一人に作業させるとなるとさらに大変な準備である。しかし，Chromebook では画像をアップロードして大きさを整えるだけである。

　一人一枚のホワイトボードでもよいし，ペアで共有しながらでも，グループで話し合いながらでも，それぞれ目指すものは異なるが有意義な活動とすることができる。

　ちなみに，冒頭と結末の挿絵について似ているものを掲載している教科書

が多いが，そのことに気づくことで，豆太の違いについて考えるきっかけと
もなるだろう。

● Jamboard で自分の名前を書いた付箋を貼り，立場を明らかにする

　昼間の豆太と夜の豆太のどちらが本当の豆太なのかを考える際に，事前に
Jamboard で新規のホワイトボードの左右に「昼」と「夜」を配置して2分
割し，全員で共有できるようにしておく。「昼」か「夜」のどちらかに自分
の名前の付箋を貼り，立場を明らかにして話し合う。

　この活動も，従来からマグネットのネームプレートで黒板に貼り付ける形
で行われていたが，全員が貼り終わるまでに時間がかかりすぎたり，意見が
変わったときに移動してしまうと跡を残しにくい等の課題があった。活動自
体は，児童に自分の立ち位置を明確にすることを求め，そうすることで責任
をもって発言できるようになるなどのよさがある。そこで，Chromebook を
使うことで，先述の課題を解決しながら，授業を活性化できるのであれば，
是非とも積極的に活用していきたい。ここではAかBかという2択の選択
を迫ったが，数直線上での自分の考えの位置を表すような形であっても使い
やすいアプリである。

●ドキュメントに音声入力で考えを書く

　じさまの願いを考え，インタビュー形式でまとめる学習では，ドキュメン
トを使うことにする。3年生では，キーボードを使ってのテキスト入力のス
キルに差があることが想定される。そこで，児童にとってはかなりハードル
の下がる方法である音声入力を利用することで，キーボード入力が苦手な児
童も気楽に取り組むことができるだろう。このように，必要に応じてキーボー
ド入力と音声入力を組み合わせて授業に取り入れていくことで，自然とテ
キスト入力のスキルも高まっていく。

　共有でのコメントについても，音声入力を取り入れて，相手の文章の末尾
に入力するようにすれば，簡単に楽しくできる。

単元指導計画（全10時間）

単元目標　◎場面ごとの豆太の気持ちとそれを見守るじさまの思いを捉え，終わりのじさまの言葉との関係を考えることができる。

次	時	○学習活動	● Chromebook の活用
一	1	○全文を読み，ログラインを書く。	
	2	○あらすじを把握し，人物ごとにキャラクターを捉える。	●【Jamboard】挿絵をランダムに貼り付けておき，並び替えをすることで，あらすじを把握する。
二	3 〜 7	各場面の豆太はどんな子供かを考える。 ○おくびょう豆太の独り言を書く。 ○昼間の豆太と夜の豆太，どちらが本当の豆太なのかを考える。 ○豆太はなぜ「よいの口から」寝てしまったのかを考える。 ○次の日に豆太が，モチモチの木の灯のことをじさまにどう話したか考える。 ○豆太はおくびょうなのかを考える。	●（第3時）【Jamboard】ホワイトボードに豆太の挿絵に吹き出しを付けたものにスタイラスペンで独り言を書き込み，グループ等で共有できるようにする。 ●（第4時）【Jamboard】ホワイトボードを左右に「昼」と「夜」で2分割しておき，どちらかに自分の名前の付箋を貼り，立場を明らかにして話し合う。 ●（第6時）【Jamboard】ホワイトボードに豆太とじさまの挿絵を貼り，間に吹き出しを付けておいたものに書き入れる。
三	8 9	○じさまの願いを考え，インタビュー形式でまとめる。	●【ドキュメント】音声入力することでキーボード入力が苦手な子供も取り組める。
	10	○考えを交流し，話し合う。	●【ドキュメント】画面を見せ合いながら交流しコメントし合う。

展開1 （2／10時）

本時の目標　　○全体のあらすじをつかんだうえで，それぞれの人物のキャラクターを捉えることができる。

○学習活動	・留意点　● Chromebook の活用
○本時のめあてを確認する。 とう場人物のとくちょうをつかもう。	・ざっくりしためあてだが，単元全体に関わることを押さえる。
●挿絵の並べ替えをすることにより，あらすじを把握する。 「Jamboard のファイルを開いてください。『モチモチの木』に載っている挿絵の順序がばらばらになってしまいました。どういう順序がよいかを考えて，並べ替えてください。」 「どういう順序になりましたか。意見を出してください。」（発表者の画面を大画面に映して話し合う） ○人物ごとにキャラクターを捉える。 「登場人物は誰ですか。……今わかっている時点での，それぞれの人物がどういう人かを簡単にまとめます。」（対立する項目を整理しておく） （例・豆太） 　・臆病。夜しょんべんに行けないから。 　・真夜中に医者様を呼びに行ったから。 　・どっちなんだろう？ ○次時の予告をする。	●【Jamboard】挿絵をランダムに貼り付けておき，各自で並べ替えをすることで，あらすじを把握する。 ●【Jamboard】全体での交流では，何例かを大画面で共有し，話し合う。違いが生じたところについて，そう考える根拠を挙げ，どうあったらよいかを考えるヒントにしていく。最初と終わりの挿絵が似ていることにも気づかせたい。 ・この発問に関する学習は，「考えの形成」に結びつくものであり，これからの元になる考えを築くものになるため，しっかり考えさせておく。特に，同じ人物でも対立するようなキャラクターが見られるところを共通の疑問としておくことで，今後の学びの課題に位置づけることができる。

展開1の詳細・解説

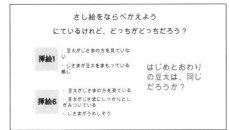

Jamboard のホワイトボードを使って並べ替えができるよう，上半分に教科書で使われている挿絵をランダムに並べておく。下半分には，挿絵を指で押さえてドラッグできるようスペースをつくっておく。

児童は記憶を頼りに挿絵を順序通りに並べようとする。おおよそのあらすじを把握していれば，ストーリー展開に関わるトピックを表す挿絵は正確に並べ替えをすることができる。しかし，最初と終わりの状況を表す挿絵については，どう並べ換えてよいかに悩むことになる。

そこで，2枚の挿絵を取り出し，細部までよく見るよう指示し，違いを挙げさせていく。豆太の表情や動作，じさまの表情などを比較することで，それが挿絵だけでの違いではなく，豆太とじさまの気持ちの変化をも表していることに気づいていく。

第2時という「構造と内容の把握」の段階の学びによって，児童は単元を通じての課題を見出していくのである。

展開2 （4／10時）

本時の目標　　○昼間の豆太の姿と夜の豆太の姿では，どちらが本当の姿なのかを理由を付けてまとめることができる。

○学習活動	・留意点　● Chromebook の活用
○本時のめあてを確認する。 昼の豆太と夜の豆太，どちらが本当の豆太のすがたなのかを考えよう。 ●課題について，どちらなのかを考え，自分の考えを示す。 「Jamboard のホワイトボードを開きましょう。どちらの豆太が本当の豆太なのかを考えて，昼の方か夜の方に自分の名前で黄色い付箋をつくって貼りましょう。」 「どうしてそう思ったのか，理由を伝え合いましょう。まず，夜の方から。……次に，昼の方を聞いてみましょう。」 「聞いていて，意見が変わった人はいますか。変わった人は，赤い付箋をつくって貼りましょう。変わった理由を教えてください。」 ○今日の最後の意見をノートにまとめましょう。 ○次時の予告をする。	・前時までの豆太には二つの面があるという読みを踏まえて，どちらが本来のものかを考えさせるめあてである。 ● 【Jamboard】ホワイトボードを作成し，左右に分割し，それぞれ「昼」「夜」と表示をしておく。 ● 【Jamboard】同じホワイトボードを全員で共有し，各自がどちらかに自分の名前の付箋を貼り付ける。自分の付箋を貼ることで，立場を明らかにすることになり，積極的に話し合う姿勢が生じる。 ● 【Jamboard】考えが変わったら，異なる色の付箋を付けることで，考えが変化したことが他の児童にもわかるようになる。考えが変わること自体が当たり前のことであるという雰囲気をつくることにつながる。 ・書き出しの文の形式だけを示すことで，書くのが苦手な児童も書きやすくなる。

展開2の詳細・解説

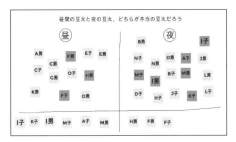

　事前にJamboardのホワイトボードを使ってワークシートを作成しておく。課題を最上部に，左右にペン機能で2分割し，「昼」と「夜」の表示をしておく。今回は，全員が各自の意思表示をする活動なので，一つの画面を全員で共有する形である。

　児童は，豆太の本当の姿が昼にあるのか夜にあるのかを考え，自分の名前を記した付箋を昼，夜どちらかに貼り付ける。このような活動はこれまでにもネームプレートを使って行われてきたが，席からの移動を伴わず，考える時間だけが必要となる効率よい活動となる。

　どちらが本当の豆太かをホワイトボードを基に話し合う中で，意見が変わる児童も当然ながら出てくる。その場合は，新たな付箋を色を変えてつくって画面上に置き，初めの付箋を欄外に移動するようにする。移動は随時できるようにすることで，リアルタイムで意見を変えた理由を問うことができるようになる。黒板とネームプレートではできない仕事である。

「白いぼうし」（4年）

関連教材：「白いぼうし」（光村・教出 4 年）

教材の特性

　「白いぼうし」のほとんどの読者は，女の子＝たけお君に捕まえられたもんしろちょうであると読むだろう。この物語が明確にファンタジーであるということはテクストだけからは断定することはできないが，本教材所収の単行本『車のいろは空のいろ』を読めば明らかになるだろう。そう考えて，本教材をファンタジー教材として単元を構想してよいと考える。

　単行本の他の作品については，いきなりファンタジーに入っていくものも多いが，本教材については現実からファンタジーの世界に入るまでの設定が，丁寧に描かれている。帽子の中のもんしろちょうが飛んでいってしまうまでも長い設定といえるが，ここで読者がファンタジーと気づくのではない。知らないうちに女の子がタクシーに乗り，さらに菜の花橋に向かうと忽然と女の子が消えてしまう，野原から「よかったね」という小さな声が聞こえ，ここでやっと読者はこの物語がファンタジーだったことに気づくのである。

　この物語の主人公は松井さんであるが，松井さんの行動が中心というわけではない。松井さんの周りで事件が起き，そこに松井さんが巻き込まれていき，周囲とうまく融和しながら事件が解決していくのである。不思議と松井さんの周りで起こりえない出来事が起きるのだが，それは，松井さんだから不思議なことが起きるのであり，松井さん自体がファンタジーのエネルギー源であり仕掛けになっているのである。その結果，松井さんは菜の花横町という異界に招待されることになる。

　このように考えると，松井さんのキャラクターを自分なりにしっかりと捉

えることが，この物語のファンタジーとしての意味を捉えることにつながるといえる。そこで，本教材を単元として扱ううえで，松井さんのキャラクター，人物像を捉えることが重要な要素であると考える。人物像の読み取りは，多くの場合単元の前半で行われ，それを基にして詳細な読解が行われるが，本教材では十分に読み込んだうえで人物像を捉えることがテクストの意味を考えることにもつながる。そこで，考えの形成の段階において，キャラクターの取得とテクストの意味を考えることを併せて行うことが最適と考える。

なお，「白いぼうし」での松井さんとシリーズ作品での松井さんのイメージは若干異なるので，他作品を読み合わせたうえでの学習とするのもよい学びにつながると考える。

以上に述べたように，本単元では松井さんの人物像をまず部分的に，そして最後は全体的に捉えていくのであるが，自分の読みを記録しながら次に生かしていくために，ドキュメントを積極的に活用していくことにした。

Chromebook 活用のポイント

● Jamboard でログラインを比較する

ログラインは一文（一行）で物語の要約をするもので，「○○が〜し，〜ということになった物語」のような形式で初読の段階で行う活動として石丸が提案している方法である。教師の実態把握のために行われている「初発の感想」の代わりになるもので，初読の段階からほどほどの負荷をかけて読ませ，なおかつ他者との読みの違いを浮き彫りにする方法として効果が大きいと考えている。

このログラインを行う際に，Jamboard を活用することで，全員のログラインを一目で見渡すことができるので，大まかにどのような考え方があるかがわかり，自分と他の児童との読みの視点が同じなのか異なるのかに気づくことができる。さらに，全員の読み取った内容を方向性によってグループ分けし，読解していくための課題につなげることもできる。

児童が，読むことの殻を破り次の段階に踏み込むためには，自分の読みが

どのようなもので，それが何を根拠にしているかを認識する，つまり読みに関するメタ認知が重要となるのであり，ログラインと Chromebook の組み合わせによって実現できる可能性が大きくなると考える。

●ドキュメントで，読み取った人物像を「箇条書き＋理由」でまとめる

本単元では，本格的にドキュメントを活用させていく。単元の終わりでは，松井さんの人物像について考えを紹介文として記述させていくが，単元の前半では分量を多くせず，学習内容が求める内容についての思考を引き出しやすいような形と分量で活用していく。

ここでは，松井さんの人物像を構成するための材料集めをすることが重要である。そこで，読み取れる人物像の断片を箇条書きすることで材料としての考えを生み出し，しかも納得したものとして外化する活動と位置づけることができるのである。理由についても，簡単に書くことを勧め，ハードルを上げず自由な発想でこれからの学習に役立つ材料を揃えていくものにしたい。

●ドキュメントで紹介文を作成する

「構造と内容の把握」「精査・解釈」を踏まえての，「考えの形成」として，主人公である松井さんの人物像について考えを紹介文としてまとめる活動にドキュメントを活用していく。これまで手書きによって文章を記述することがほとんどだった４年生の児童にとって，本格的なキーボード入力であり難しさを感じることもある。しかし，作成途中の紹介文を繰り返し読み，全体を俯瞰しやすい画面上での操作は，児童にとって新たな境地を開くものであり，書きやすさを感じる児童も多いと考える。

また，Classroom の資料として挿絵を貼り付けておき，必要に応じて児童が貼り付けることができるようにしておけば，非連続テキストである挿絵等の利用について考えることにもつなげることができる。

単元指導計画（全8時間）

単元目標　◎松井さんと夏みかんや女の子との関わりを通して人物像を捉え，紹介する文章にまとめることができる。

次	時	○学習活動	● Chromebook の活用
一	1	○全文を通読する。ログライン（一文要約）を書き，読みの違いを確認する。	●【Jamboard】ログラインを付箋に書き，貼り付ける。全体を見渡して，違いについて話し合う。
	2	○登場人物を挙げ，簡単に松井さんの人物像を捉える。	●【Jamboard】各人物の人物像を付箋に書き込み，話し合う。
二	3	○もんしろちょうと女の子の関係を考える。ファンタジーというジャンルについて知る。	（女の子がもんしろちょうだと思える表現を探し，説明する）
	4	○「夏みかん」から松井さんについて考える。	●【ドキュメント】松井さんが夏みかんと関わる場面を挙げ，それぞれから読み取れる松井さん像を箇条書きでまとめる。
	5	○「女の子」との関わり合いから松井さんについて考える。	●【ドキュメント】女の子と関わる場面を挙げ，読み取れる松井さん像を箇条書きでまとめる。
	6	○松井さんは，その日に起きたことをどう考えているかを考える。	●【ドキュメント】日記形式でドキュメントに書き込み，グループで共有する。
三	7	○松井さんの紹介文を書く。	●【ドキュメント】紹介文を作成する。必要に応じ挿絵を利用する。
	8	○松井さんの紹介文を読み合い，「ベストオブ松井さん」を選ぶ。	（グループで推薦したものからさらに1点を選ぶことで，深まりを求める共有とする）

展開1 （2／8時）

本時の目標　　○松井さんを中心とした登場人物の性格や特徴を出し合い，出された意見を整理することによって追究の方向性をつかむことができる。

○学習活動	・留意点　●Chromebook の活用
○登場人物を挙げる。 ○本時のめあてを確認する。 <blockquote>松井さんの性格や特ちょうを考えよう。</blockquote>●グループで付箋に書き込みをする（同じ色の付箋で）。 「グループで Jamboard のホワイトボードを開いて，松井さんの性格や特徴を付箋に書いて貼り付けましょう。付箋は，全員黄色にしてください。」 ●同じまとまりに入る付箋の色を揃え，集める。 「貼り付けた付箋を，話し合って同じグループにまとめ，色を変えてください。」 ○全体で話し合い，課題を明確にする。「まとまりに入れられないものやよくわからないものはありましたか。みんなでどのまとまりに入るか考えましょう。」 ○松井さんの人物像について，自分の考えをノートにまとめる。 ○次時の予告をする。	・登場人物を挙げることで，主人公である松井さんの人物像への興味を抱くようにする。 ●【Jamboard】グループごとのホワイトボードをあらかじめつくっておく。この時点では，とにかく思いつくことを付箋に書いて貼るように勧める。 ●【Jamboard】同じ仲間のものを集める，付箋の色を考えの仲間ごとに揃えるという二つの作業を行うことで，類別することにより思考を働かせることにつなげる。 ・全体での話し合いについては，ここまでの経緯を板書にまとめたものを基に話し合う。タブレットのよさと板書のよさを組み合わせることが，現時点では重要である。 ・いくつかの要素を箇条書きで列挙する形にまとめて文章に形を示し，選択して取り組めるようにする。

106

展開1の詳細・解説

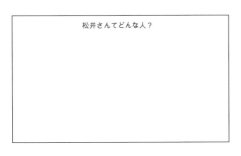

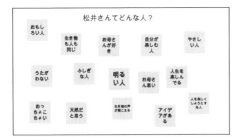

事前に Jamboard のホワイトボードで，左の画面のようなワークシートを作成し，グループごとに共有できるようにしておく。事前の作業はこれだけなので，至って簡単な準備で済むのである。教師の仕事の省略化もタブレットのメリットの一つである。

児童は，自分が考えた松井さん像を短い言葉で考え，付箋にし貼り付けていく。この段階では，全ての付箋を同じ色で作成するように指示しておく。また，一人でいくつも考えられるようなら，複数の付箋を貼ることを勧めておく。

グループで付箋を貼り終えたら，付箋を整理する活動に移る。似たものを移動し集めながら，付箋の色を変えまとまりごとに揃えていくよう指示する。

いくつかのまとまりにする中で，どうしてもどのまとまりにも入らないものが出てくる。それを全体の交流で話し合う論題とする。例えば，どこにも当てはまるようで当てはまらない「ふしぎな人」に焦点化することで，本単元での学びの方向性が見えてくるのである。

展開2（4／8時）

本時の目標　　○「夏みかん」が出てくるそれぞれの箇所から松井さんの人物像を考え，それらをまとめて一つの人物像として捉えることができる。

○学習活動	・留意点　●Chromebook の活用
○本時のめあてを確認する。 「夏みかん」から松井さんについて考えよう。 ○「夏みかん」が出てくる箇所を探す。 「ではまず，『夏みかん』が出てくるところを探してみよう。」 ・お客さんが夏みかんのにおいに気づくところ。 ・お母さんの話をするところ。 ・白いぼうしの中に入れたところ。	・該当する箇所を抜き出して考える新しい学び方について，そのよさを伝える。 ・教科書に線を引きながら探すよう指示する。本時を進めるうえで押さえておかなければならないことなので，どの児童もできるよう，個別の指導を重視する。
●それぞれの箇所から松井さんの人物像について考える。 「今見つけた『夏みかん』が出てくるそれぞれのところからわかる松井さんの性格や特徴を考えて，ドキュメントのワークシートに書きましょう。」	●【ドキュメント】松井さんが夏みかんと関わるそれぞれの場面について，読み取れる松井さん像をワークシートに箇条書きでまとめる。全体での交流は口頭と板書で，違いを整理していく。
●それぞれの箇所での人物像を総合して一つの人物像としてまとめる。 「三箇所の松井さんを一つにまとめると，どういう松井さんになるでしょう。自分の言葉でまとめて，ドキュメントに書きましょう。」 ○次時の予告をする。	●【ドキュメント】ワークシートのまとめの部分に三箇所を総合して捉えられる松井さんの人物像を記入する。時間があれば数名に発表させて，自分が書いたものと比較する。

展開２の詳細・解説

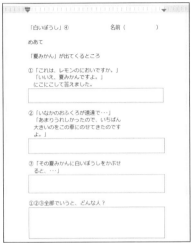

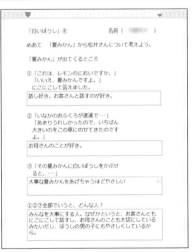

事前にドキュメントを使ってワークシートを作成し，各自で作業できるよう共有しておく。

本時のワークシートは，児童から出されるであろう「夏みかん」が出てくる箇所をあらかじめ書き込んでおき，それぞれの箇所での人物像の断片を書き込む枠をつくっておく。また，その断片をまとめていくと，どのような人物像を結ぶかを記述する枠もつくっておく。

記述例を示しておく。三箇所の「夏みかん」について，児童はそれぞれから感じ取った人柄を書き込んでいる。さらに，「話し好き。お客さんと話すのが好き」「お母さんのことが好き」「大事な夏みかんをあげちゃうほどやさしい」といった異なる要素を一つにまとめる活動を設けることにより，「つなげる思考」を引き出すことができるのである。

＊本プランの「教材の特性」及び「単元計画」については，『小学校国語科考えの形成を促す文学の発問・交流モデル』（明治図書）を基に作成した。

「大造じいさんとガン」(5年)

関連教材:「大造じいさんとガン」(光村5年)
　　　　「大造じいさんとがん」(東書・教出5年)

教材の特性

　「大造じいさんとガン」の授業実践では,情景描写が取り上げられることが多い。大造じいさんの作戦決行当日の太陽の叙述を取り上げてみたい。

| 1場面:①秋の日が,美しくかがやいていました。 |
| 2場面:②あかつきの光が,小屋の中にすがすがしく流れこんできました。 |
| 3場面:③東の空が真っ赤に燃えて,朝が来ました。 |

　この三つの下線部の表現をよく理解することとはどういうことだろうか。特に,③「東の空が真っ赤に燃えて……」という表現を置き去りにして,「朝が来た」ことだけを押さえるだけでは不十分であろう。「大造じいさんは,このぬま地をかり場にしていたが,**いつごろからか**,この残雪が来るようになってから,一羽のガンも手に入れることができなくなったので,いまいましく思っていました」という記述から,大造じいさんは,1場面で語られている時間より以前から,残雪の存在を意識しており「いまいましく」思っているのである。

　では,Chromebook の〈検索〉機能を活用して,「東の空が真っ赤に燃えて……」という表現をそのままの〈検索ワード〉で画像検索し,朝焼けの様子を発見する活動を行うことで十分な理解とすることはできるだろうか。よく理解するための助けにはなるが,それでは,文学を読む際に,常に画像や動画によって言葉によって表されたものに似たものを代替すれば理解できるということになってしまう。

　上記の①～③は,どれも太陽を光のことを指しているが,なぜ,それぞれ

表現が異なるのか。1場面では，残雪の知恵に悔しい思いをして，2場面では，撒き餌の作戦を考え，実行する。撒き餌としてタニシを五俵用意している（なお，「一俵」を〈検索〉すると，60kgであることがわかる。五俵は300kgであり，この数字のイメージ化を促すことも重要である）。「大造じいさんは，うまくいったので，会心のえみ」をもらすほどの自信がある。朝が来るまで待ちわびており，しかもすがすがしく「小屋」の中に光が差し込んでいることを押さえる。しかし，この撒き餌の作戦も残雪の知恵の前に失敗に終わる。こうした背景を踏まえたうえでの3場面の作戦であれば，ただ「朝が来た」という事実を説明するのではなく，これまでの経緯，大造じいさんの並々ならぬ残雪への思いを含めた表現が語り手によってなされていることに気づく。そこで，まずは言葉を調べるという手順で学習を進めたい。

Chromebook 活用のポイント

● Jamboard で感想や考えの「ずれ」を可視化する

Jamboard を活用した初読段階の交流を行う。例えば，第一次で「大造じいさんとガン」を一行ログラインにまとめる活動を行う。全体共有しながら，それぞれの児童の考えを一覧でき，交流を通してグルーピングや新たな問いをつくることが可能になる。

具体的なイメージを Jamboard 内の「画像検索」によって比較し，検討することで，着目し吟味したい言葉（「あかつきの光」や「東の空が真っ赤に燃えて」）選び，さらにその画像を Jamboard に貼り付け，自分の調べた（検索した）ことや，辞書的意味を書くことで学習記録として残すことも可能になる。これまで，事前に教師が準備した写真や画像（印刷したものやスクリーン等に写すなどしたもの）を，タブレットという道具で〈検索〉するという児童の行為を通して，開かれるであろう。

●ネット検索で情景描写のイメージを豊かに理解する

言葉を手がかりに，①自分で想像してみる，②辞典で言葉の意味を調べることを試みてから，〈検索〉活動に移りたい。例えば，「五俵」や「いまいま

しく」といった言葉や,「小屋」「朝日　色」「朝　赤い空」といった〈検索ワード〉で新たなイメージ化活動を展開することができる。

　「どのような光・空か」という問いに答えようとすると,まずは,辞典類の活用が考えられる。例えば「日」「あかつき」を調べると以下のような記述と出会う。以下の電子辞書版による記述を根本にして,ネット検索で意味調べを行うことで,ネットと辞典の違いにも気づくことができるだろう。

	精選版日本国語大辞典(2006年)	広辞苑第七版（2018年）
日	①太陽。日輪。 ②太陽の光や熱。日光。日ざし。	①太陽。日輪。おひさま。 ②太陽の光または熱。
日ざし	日光が窓などへ差し込むこと。日光の照ること。また，その光線。	日の光の照りつけること。
あかつき （暁）	夜半過ぎから夜明け近くのまだ暗いころまで。未明。また，夜明けに近い時分。現在では，明け方のやや明るくなった時分をいう。	夜を三つに分けた第３番目。宵・夜中に続く。現在では，やや明るくなってからを指すが，古くは，暗いうち，夜が明けようとする時。よあけ。あけがた。

　上記の「明け方のやや明るくなった」時分の光や空は児童の内面にどう描き出されるのか。「朝が近づいてきた」ことを押さえつつ,具体的な光・空のイメージ化は,その後の大造じいさんを取り巻く状況や心情を考える大きな足場になることがわかる。あくまでも,「教材からの離陸」を豊かにするために,イメージ化の助けとして検索を活用することで,「語り手がなぜ,そのような表現をしたのか」の思考・協議のきっかけにすることが大切である。辞典類での記述や児童の生活経験の有無を,画像検索によって補い,よりよい理解への足場にすることが重要である。

　②の検索で得た画像をドキュメントに貼り,気づいたことをドキュメントにまとめる（展開２）。「コメント」機能を活用して交流することもできる。

単元指導計画（全8時間）

単元目標　◎情景描写を手がかりに，登場人物の心情を読み取ることができる。

次	時	○学習活動	● Chromebook の活用
一	1	○全文を通読し，一行ログラインを書く。	●【Jamboard】一行ログラインを付箋に書き，仲間分けをする。
二	2	○全文を読み直し，設定等を確かめる。	●【Jamboard】登場人物・時・場所等の情報を整理する。
	3	○これまでの残雪と大造じいさんの関係性を読み取る。	●【Google】辞書サイトで「いまいましい」等の意味を調べる。
	4	○1場面と2場面を比較し，大造じいさんの心情の変化を読み取る。	●【Google】辞書サイトで「感嘆」や「五俵」等の意味を調べる。
	5	○2場面と3場面の情景描写の比較から大造じいさんの心情を読み取る。	●【Google】朝日の画像を検索し，「東の空が真っ赤に燃えて……」のイメージをすり合わせる。 ●【ドキュメント】画像を貼り付けて気づきを書き込む。
	6	○3場面の後半と4場面を読み，物語の続きを想像する。	●【ドキュメント】考えをまとめ，オンラインで交流する。
三	7	○学んだことを学習レポートにまとめる。	●【ドキュメント】これまでの学習の内容をまとめる。
	8	○学習レポートを読み合い，感想をコメントし合う。	●【ドキュメント】共有したレポートに「コメント」を付ける（p.124「やまなし」の展開2参照）。

展開1 （1／8時）

本時の目標　　○本文を通読し，初読の読みを一行ログラインにまとめることができる。

○学習活動	・留意点　●Chromebookの活用
○本時のめあてを確認する。	・これまでの物語文の学習を振り返りながら，単元の見通しをもたせる。
「大造じいさんとガン」の物語を一行ログラインにまとめよう。	
●本文を音読しログラインを考える。	●【ドキュメント】一行ログラインのメモを作成する。手書きでもよいが，デジタルであれば次の活動でコピーアンドペーストが可能となる。
「この物語の内容を，○○が，△△し（したが），□□した話，というログラインでまとめるとしたら，どのようにまとめられるかを考えながら音読を聞きましょう。」	
「一行ログラインを考えましょう。」	
●ログラインを付箋で整理する。	●【Jamboard】それぞれの一行ログラインを付箋に書き，仲間分けをする。
「それぞれが考えたログラインをJamboardの付箋に書き，分類してみましょう。」	
●ログラインを読み返して学習の見通しをもつ。	・大人数がアクセスすることで接続が不安定になる場合は，グループで1台の端末を使用して書き込む等の工夫をしていただきたい。
「分類された付箋を見て気づいたことはありますか。」	
○次時の予告をする。	・視点人物と対象人物，話者という主語を観点とした分類と，「大造じいさん」を主語としたログライン同士の比較から，単元の学習の見通しをもたせたい。

展開１の詳細・解説

　左の画面は，児童が作成したログラインが並列的に並んでいる様子である。この状態では，ログライン相互の関係性は判然としない。

　しかし，この状態から，主語が「大造じいさん」のものは黄色，「残雪」は水色，まえがきに登場する「わたし」はピンク色，その他はオレンジ色，といったように付箋の色を変更させると，仲間分けをより円滑に実施できる。下の画面が，付箋の分類が完了した後の Jamboard のイメージである。

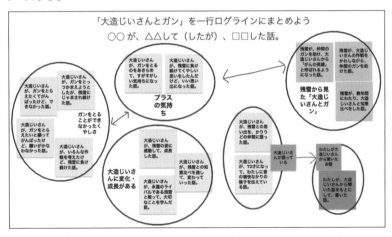

　ログライン（一行要約）は，読者によって主語や心情の変化に関する捉え方のずれを顕在化させるところに意味がある。これまではログラインを板書に貼り付けたとしても，それを教師が整理するのに時間がかかっていたが，Jamboard は同時に複数の児童が付箋を移動することができるため，より短い時間で交流ができる。

展開2 （5／8時）

本時の目標　　○2場面と3場面の情景描写の比較から，大造じいさんの心情を読み取ることができる。

○学習活動	・留意点　● Chromebook の活用
○本時のめあてを確認する。 2場面と3場面を比べて，大造じいさんの変化を読み取ろう。 ●2場面と3場面を比較する。 「2場面を音読し，前回の授業で学習した2場面と，今日学習する3場面を比べて，同じところや違うところを見つけましょう。」 ●3場面の朝日の色を想像する。 「2場面の朝日と3場面の朝日は，それぞれどんな色でしょう。また，自分が想像した色に一番近い画像はどれですか。自分の選んだ画像をグループで共有しましょう。」 ●情景描写を手がかりに大造じいさんの心情の変化を読み取る。 「二つの場面の大造じいさんの残雪に対する気持ちは同じですか。また，二つの場面の情景描写を比べてわかったことを書きましょう。」 ○次時の予告をする。	・前時の学習を振り返り，1場面と2場面で比較した内容について想起させておく。 ・特に以下の相違点を押さえる。 　・夏のうちから集めたタニシと，2年前に生けどったガン 　・「あかつきの光」と「東の空が真っ赤に燃えて」の情景描写 ●【Jamboard】グループで共有した Jamboard の「画像の追加」→「Google 画像検索」のタブから，「朝日　色」や「朝　赤い空」などと検索し，自分が想像した色に近い画像を選ばせる。 ●【ドキュメント】情景描写に着目することでわかったことをまとめさせる。この際，可能であれば先ほど検索した画像をコピーして貼り付け，その画像を選んだ理由や画像から読み取れることを記述させる。

展開2の詳細・解説

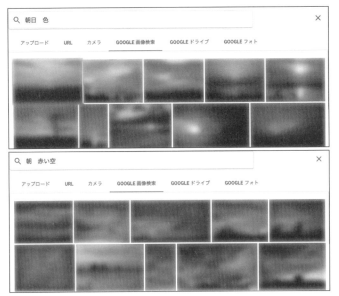

上の2枚の画像はそれぞれ「朝日　色」「朝　赤い空」と検索した結果一覧である。2場面と3場面それぞれで1枚ずつイメージに合う画像を選択し，ドキュメントに挿入する。以下の写真は，ドキュメントに2場面と3場面の朝日を比較して，気づいたことをまとめたものである。

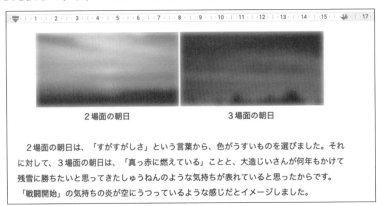

「やまなし」（6年）

関連教材：「やまなし」（光村6年）

教材の特性

　本教材は昭和46年から光村図書の国語教科書に掲載され続けている定番教材である。そのため，作品研究や学習指導研究など多くの先行研究が蓄積されてきた。本稿でその全てを取り上げ，網羅しながら論述することは難しいが，文学の授業を構想するうえで鍵となる教材の特性を，以下の二つの点から挙げてみたい。

●読後感の「わからなさ」を生かす

　私たちは小説やドラマ・映画など，広い意味での文学作品に日々触れている。それらを読んだ（見た）後には，作品から受ける印象から疑問まで様々な感想を心に抱く。ただし，こうした感想は，個人内で生じるものであるため日常生活においては他者と共有されにくい。一方，授業という場においては，他者とともに同じ作品を読むことで感想を共有することができる。

　授業という場の特性を踏まえると，児童によって感想にずれが見られる状況は，学びが起こるきっかけとなる。そしてこのことは，初読時の感想だけでなく，読み深める過程で生じる作品の解釈についてもいえる[1]。

　上記のような読後感という視点から見ると，「やまなし」の最大の特性は，その「わからなさ」にあるといえよう。具体的には，「クラムボン」や「イサド」という言葉，かにの兄弟の会話，さらに「やまなし」という題名や作品の設定，なぜ「二枚の青い幻灯」が「五月」と「十二月」なのか等の疑問が浮かんでくる。

　難解で，もやもやする読後感は，ともすれば「正解がわからない」「何を

考えたらよいかわからない」といった反応を生む。しかし，この「わからなさ」を肯定的に捉えれば，「やまなし」は探究する可能性に富んだ作品であるといえる。一人で「やまなし」を読んでもわからない状態だったとしても，その「わからなさ」を他の児童と共有しながら，「問い」へと転化することにより，問いについて考えることの醍醐味を感じられる可能性がある。

　そこで本単元では，作品の世界を捉え自分の考えを形成するための方法として，作品研究か作者研究という形を児童が選択し，学習レポートを書くという学習活動を取り上げる[2]。この過程では宮沢賢治について書かれた書籍や教科書に掲載されている「イーハトーヴの夢」（光村図書6年）も参照する。

●五月と十二月の対比

　本教材に見られる対比的な構造は，多くの実践においても扱われてきた特性である。「二枚の青い幻灯」には，物語の舞台が川底であることや「二ひきのかにの子どもら」と「お父さんのかに」という共通点がある一方，「日光」（昼）と「月光」（夜），「コンパスのように黒くとがっている」かわせみのくちばしと「黒い丸い大きな」やまなしなど，対比的な表現が複数見てとれる。

　先述した「わからなさ」について探究する作品内の手がかりは，この「対比」にあると仮定すれば，それらを整理し比べる活動が第二次の中心となる。そして，共に水面に現れた「かわせみ」と「やまなし」のうち，「十二月」にだけ現れる「やまなし」が題名となっているのはなぜかを考えることが，作者のメッセージを考える手がかりのひとつになると考える。

Chromebook 活用のポイント

● Jamboard による自分の考えの整理

①一読してからの感想を付箋に色分けで書く

　感想のなかで，「面白い・なるほど！→ピンク」「よくわからない……→青」「疑問・問い→緑」と付箋の色を分け，小集団（3〜4名）でホワイト

ボードを共有する。1グループは1フレーム……のように分けて作業を行った後に、全体共有用のフレームにより感想を交流する。

②「クラムボンの正体は何か」を考える際の仮説整理

　クラムボンの正体の仮説として、「小生物＝ピンク」「光＝黄色」「泡＝水色」「その他の説＝緑」と分け、仮説についての自分の考えや理由を書く。付箋の末尾に名前を書くことで、交流する際に、誰がどの仮説を支持して、どのような考え・理由であるのかをひと目で見ることができる。

③「五月」と「十二月」の対比的な表現を書き出す

　先述の通り本教材では、「二枚の青い幻灯」である「五月」と「十二月」の世界が対比的に描かれている。こうした特徴を押さえるために、それぞれの場面に登場する生き物や表現等を整理する際に Jamboard を活用する。

●ドキュメントによる学習レポートの執筆と交流

　学習レポートとしてまとめる際に、ドキュメントを活用することができる。手書きの作文用紙とは異なり、画像等の資料を掲載できるという利点も生かしたい。また、執筆後にはクラス内でドキュメントを読み合う活動を行いたい。ドキュメントの「コメント」機能（ドキュメントの上部のメニュー内「挿入」→「コメント」を選択）により、文章の特定の箇所に対してコメントを付けることができる。この機能は、「誰が」書いたコメントかがわかるだけでなく、コメントに対して返事のコメントを書くことができる（児童が作成した「学習レポート」を Classroom で提出させ、共有用のドライブに保管し、権限を「閲覧者（コメント可）」に変更する）。

注(1)　読後感を学習活動につなげる実践が以下に記されている。

　香月正登「『読後感』を生かした文学授業の試み―『初雪のふる日』の実践を通して―」『国語教育探究　第26号』
　　（国語教育探究の会、2013年）、pp.26-33

注(2)　本節は実践者である三浦剛氏の了解を得て、以下の文献に記述されている単元構想を基にしている。なお、後
　述する学習レポートの内容は、三浦氏が実践した際の児童の記述の一部を引用したものである。

　石丸憲一編、東京・国語教育探究の会著『小学校国語科　考えの形成を促す文学の発問・交流モデル』（明治図書、
　2020年）、pp.100-105

単元指導計画（全8時間）

単元目標　◎作品の世界を捉え，作品研究か作者研究かを選んで，自分の解釈をまとめることができる。

次	時	○学習活動	● Chromebook の活用
一	1	○全文を通読し，面白いと感じたところ・疑問に思ったところを交流する。	●【Jamboard】一読してからの感想を付箋に色分けをしながら書く。
二	2	○クラムボンの正体は何であるかを考える。	●【Jamboard】仮説についての自分の考えや理由を書く。
	3	○五月と十二月の幻灯のどちらが心に残ったのかを考える。 ○対比的な表現を探す。	●【Jamboard】五月と十二月の対比を Jamboard にまとめる。
	4	○五月と十二月，それぞれの幻灯が象徴するものが何かを考える。	●【Jamboard】それぞれの幻灯にどのようなタイトルを付けるかについての各グループの考えを付箋に書いて共有する。
	5	○作者がメッセージを込めた幻灯は五月か十二月か両方かについて考える活動を通して，主題について検討する。	●【Jamboard】考えを付箋に書き込み，考えを交流する。
	6	○資料「イーハトーヴの夢」を読み，感じたことを交流する。	●【ドキュメント】考えをまとめ，ドライブで共有する。
三	7	○作品研究か作者研究を選択し，学習レポートを書く。	●【ドキュメント】これまでの学習の内容をまとめる。
	8	○書き上げたレポートを読み合い，感想をコメントし合う。	●【ドキュメント】共有したレポートに「コメント」を付ける。

＊単元計画及び次頁以降の展開の内容は，前掲書の内容を基に作成している。

展開1 （3／8時）

本時の目標　　○どちらの幻灯がより心に残ったのかを考え，交流する中で，対比的な表現を見つけ出すことができる。

○学習活動	・留意点　● Chromebook の活用
○本時のめあてを確認する。 どちらの幻灯が心に残ったかを考え，交流しよう。	・実態に応じて「五月」と「十二月」それぞれの作品世界を絵図化する活動を実施することも考えられる。
●二枚の幻灯について考えを述べる。 「どちらの幻灯の方が，より心に残っているかを考えましょう。」	・書く時間を設定し，理由とともに書かせる。この際，Jamboardやドキュメントを使ってもよい。
●二枚の幻灯の対比を見つける。 「五月で起こった大きな出来事と，十二月に起こった大きな出来事はそれぞれ何でしょう。」 「かわせみとやまなしのように，二つの幻灯を比べて，対（つい）になっている表現は他にもありますか。探してみましょう。」	●【Jamboard】教師が作成した「五月」と「十二月」の枠組みが背景に設定されている Jamboard（次頁で示す方法でグループごとに割り当てたフレーム）に書き込み，グループで共有する。全体では教師の Jamboard の画面を電子黒板等に映し，考えを整理する。
●二枚の幻灯の違いについて考える。 「このように反対の意味合いで使われている言葉を対比的な表現と言います。では，五月と十二月の幻灯の違いを自分の言葉でまとめましょう。」 ○次時の予告をする。	●【ドキュメント】タイピングに慣れていれば，単元末の活動においても部分的にコピーすることができるよう，ドキュメントに考えを記入する。実態に応じて，紙版のワークシートに置き換えてもよい。

展開１の詳細・解説

対比の表現をピックアップし，上下に分けた Jamboard に整理をする。この際，教師が整理のための枠組みを作成し，画像として Jamboard の背景に設定しておくことによりすぐに書き込みを開始することができる。

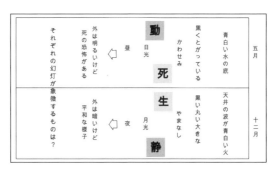

また，上記のように設定したフレームのコピーをグループの数分用意し，一つ目のフレームは１班……というように各班で使用するページを指定しておくと，児童も教師も他のグループの作業の様子を閲覧できる。

児童が対比表現を探す活動の過程では，「付箋」もしくは「手書き入力」が実施しやすいだろう。一方，教師が全体共有で使用する場合は，Jamboard には「縦書き」の設定がないため，「テキストボックス」で入力後に幅を狭めることで縦書き風に表示させるか，ペンを使って手書き入力をしてもよいだろう。

対比表現を書き出した後は，それぞれの対比の意味について考えさせたい。例えば，教材の特性でも述べたように，「日光」と「月光」という表現から「五月」が昼で，「十二月」が夜であるということがわかる。このことから想起されるのは，前者が明るく後者が暗いという視覚的イメージである。一方，かわせみに対しては恐怖を感じ，やまなしには楽しみな気持ちを抱いていたように，心情的には明暗が逆転している。こうした意味づけを整理することにより，次時の活動である「それぞれの幻灯が象徴するものは何か」「それぞれの幻灯にタイトルをつけるとしたら」といった問いにつなげたい。

展開2 （7／8時）

本時の目標　◎これまで考えてきたことを基にして，作品研究か作者研究のどちらかを選択し，学習レポートにまとめることができる。

○学習活動	・留意点　● Chromebook の活用
○本時のめあてを確認する。 これまで読んできたことを基にして，作品・作者研究をまとめよう。	・これまで学習してきたことや考えてきたことを成果物としてまとめることを確認する。
●**これまでの学びを振り返る。** 「これまでクラムボンの正体を探ったり，対比的な表現を確認したり，それぞれの幻灯が象徴するものが何かを考えてきました。最初の読後感から変わったことはありますか。」	●【ドライブ】Jamboard やドキュメントなど，これまでの学習で作成してきたデータを参照することで，自らの読みの変容についてのメタ認知を促す。
●**考えのまとめ方を確認する。** 「教材を中心にまとめる場合は作品研究を，作者・宮沢賢治の人物についてまとめる場合は作者研究を選びましょう。」	●【Classroom】モデル作品をアップロードしておき，書き方がわからないときにいつでも参考にできるようにする。
●**学習レポートを書く。** 「モデル文を参考にしながら，レポートを書きましょう。これまでの学習で書いた気づきも参考にしましょう。幻灯の画像など，必要な写真や絵を示しながら論じてもよいでしょう。」 ○次時の予告をする。	●【ドキュメント】個人でレポートを書く。デジタルで書く利点を生かし，コピー＆ペーストによるこれまでの自分の記述の再利用や，資料からの引用も考えられる。図表等を挿入し，読み手に伝わる表現を追究してもよい。

展開２の詳細・解説

教師が作成したモデル文

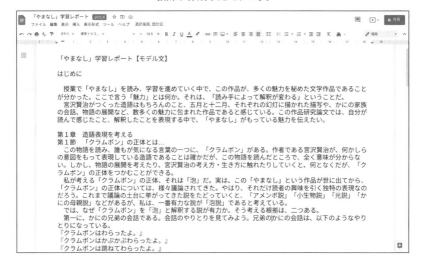

　この「学習レポート」のモデル文では，あえてレベルの高い文章を提示することにより児童の意欲を喚起している。中学年からタイピングに慣れておくことで，学習レポートをChromebookで書けるようになる。

ドキュメントのコメント機能による交流

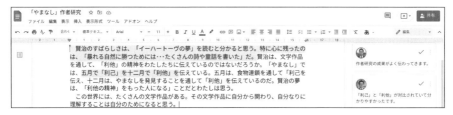

　次時に行う「コメント」の交流活動においてはドキュメントのコメント機能を活用する。短時間で多くの児童がレポートを読み，意見や感想を書き込めることはデジタルならではのよさといえる。

教材の特性

　本教材は，ビーバーの生態やダムを活用した巣作りの過程について，筆者がレトリカルな表現を用いながら紹介した説明・紹介型の説明文である。教材の特性は，本文中の言葉を手がかりに実感的で，イメージ豊かな読みを促すことができるところにある。

●写真や絵の必然性に気づく

　紙媒体の教科書教材には，ビーバーの巣やダムの写真，巣の構造を表した挿絵が掲載されているが，写真や挿絵を隠し「本文のみ」に手を加えることで，本教材の特性をより生かすことができる。可能であれば，児童が文章中の言葉を手がかりに類推・想像することを促した後で，写真や挿絵に出会うという学習活動の順序をとることで，写真や絵は本文内容の理解の助けになることを学習する契機になるだろう。

●情的反応を促す

　文章中に「みきの回りが五十センチメートルいじょうもある木」「ふつうで五分間，長いときには十五分間も」「高さ二メートル，長さ四百五十メートルもある」といった数字＋助詞や，「たちまち」「あちらでもこちらでも」「つぎつぎに」といった表現がある。こうした表現から，ビーバーの発揮する能力の「すごさ」に筆者は感動していることがわかる。そこで，児童の素直な反応を引き出すことで，説明文を豊かに読ませたい。例えば，児童に「すごいな！」「かしこいな！」と感じたところを見つけ，理由と共に表現を促すと，「自分だったら，5分（から15分間）も水の中に潜ることはできな

い。30秒ぐらいで苦しくなってしまうから『すごい』と思います……」という発言が出るだろう。こうした「すごい」「かしこい」という児童による反応は，主体的に文章に向かう構えを形成するとともに，児童の内面で，「自分（人間）ではできないのに／動物だけど人間のように……，ビーバーはできるから……」と対比や，筆者の感動への共感を促すことにもつながる。児童の発言から，「自分（人間）とビーバーとの対比」を見出しながら，価値づけたい。

●数字に着目して実感的な認識を促す

　数字は，筆者の認識が表れやすいため，本文理解の鍵となる。例えば，(1)「みきの回りが五十センチメートルいじょうもある木」，(2)「高さ二メートル，長さ四百五十メートルも」の二つは，題名の「大工事」であることの根拠になり重要な数字（大きさ）であるため，わかったつもりに陥らないように，数字に着目しながら実感的な認識を促したい。(1)の記述「幹の回りが50cm以上もある木」とはどれくらいの太さで，どのくらいの大きさ（高さ）になるだろうか。校庭の樹木を見渡したときに，どのくらいの大きさの木に近いだろうか。身の回りのものと比較する問いを投げかけたい。

Chromebook 活用のポイント

●身の回りの大きさや高さを実感したものをカメラで撮影する

　数字を切り口に，本文に「書かれている言葉」から「書かれていない（が大切な）事柄」を類推・想像することを促すことができる。上述の(2)の記述にも，前述の「自分（人間）とビーバー」の対比が隠れている。平均身長を比べると，教師（大人：約165cm）と小学２年生（約120cm）には約50cmの差があることと，本文中には，ビーバーの体長は書かれていないということである。教師がイメージする木やダムの大きさと，児童が実感する大きさの違いや，児童よりも小さいビーバーが家族総出でつくり出すことを考慮すると，「高さ２m 長さ450m もの」ダムの大きさは，数字以上の迫力がある。この迫力を実感し，どのくらいの高さ・大きさであるのかを，ビーバーの体

長（80〜100cm）を踏まえたうえで、「高さ２mは教室でいうと……」「450mは運動場や学校の周りでいうと……」と実感的に認識するために、探索し、カメラで撮影する時間を設けたい。

　算数科での学習と関連づけながら、「切り倒す木の大きさ（幹の周りが50cm以上）」や「ダムの大きさ（高さ２mなど）」を、ビーバーの体長を考慮して、児童の胸の前にタブレットを構えてカメラで撮影する。撮影したものをドライブで共有し、Jamboardの背景に設定することで、スタイラスペンで直接手書き入力でメモすることができる。

● Jamboardに「巣の位置」を描き、形成的な評価を促す

　ビーバーの大工事は、何のために行われるのだろうか。ダムは、川をせき止め、湖を作り出し、その真ん中に「安全な巣を作るため」である。この「ダムをつくる→水をせき止め、水量を増やす→湖ができる→その湖の真ん中に巣を作る」という流れと、湖ができる位置と巣の位置の理解を押さえるために、児童には本文のみを手がかりに、イメージ化を促したい。

　これまでワークシートで行っていたイメージ化は、Jamboardでも可能である。まずは、本文を手がかりにまず「個の考え」をもつ時間をとり、ビーバーは川のどこに巣を作るのかを描かせたい[1]。児童が巣を描く場所として予想されるのは下図のA〜Dの四種類である。ダムによってせき止められて湖ができる場所はDであること、できあがった湖の真ん中に巣を描いているのかが鍵となる。

　「個の考え」として巣の位置を描いたら、次は、全体で共有する。別のJamboardを用意して、児童が描いた場所を付箋で表すことで形成的評価の

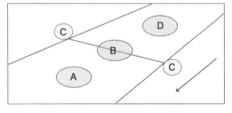

一助になる。なぜ、A〜Cではよくないのかを確認すること、また、せき止められてできあがるのは「湖」であることに着目し、川の輪郭そのものも修正されるべき点であることを押さえたい[2]。

単元指導計画（全7時間）

単元目標　◎ビーバーの生態を知り，ビーバーが大工事をするのは安全な巣を作るためであることを理解する。

次	時	○学習活動	● Chromebook の活用
一	1	○題名から本文内容を予想する。全文を通読し，感想を書く。	●【カメラ】ワークシートに記述したものをカメラで撮影し，ドライブで共有する。
二	2	○本文を読み，「すごいな」「かしこいな」と感じたことについて理由とともに交流する。	●【Jamboard】手書き入力で「すごい」「かしこい」と思ったことを簡単に書く。
二	3 4	○ビーバーの体長を調べ，その大きさを実感する。○数字に着目して，ビーバーが切り倒す「木の大きさ」や，ビーバーがつくるダムの大きさを実感し，「大工事」であることを理解する。	●【Google】検索機能を活用する。●【カメラ】実際に大きさを実感するために撮影する。●【Jamboard】撮影した写真を Jamboard で共有し，話し合う。
二	5	○ビーバーのつくるダムと巣の位置をイメージ化する。	●【Jamboard】個別に描き出す。また，別のホワイトボードで共有する。
三	6	○「ビーバーの大工事」について学んだことをまとめる。	●【Jamborad】学習したことのまとめをホワイトボードとペン機能を使って手書き入力で行う。
三	7	○学習のまとめとして，書いたものを発表し合う。	

展開1（3・4／7時）

本時の目標　　○身の回りにあるものと比べながらビーバーの大きさを実感し，「大工事」であることを理解することができる。

○学習活動	・留意点　● Chromebook の活用
○本時のめあてを確認する。 ビーバーのすごさをじっかんしよう。 ●ビーバーの大きさを調べる。 「ビーバーの大きさは文章に書いてありますか。どれぐらいの大きさでしょうか。みなさんとビーバーのどちらが大きいと思いますか。」 「ビーバーの大きさは80〜100cmと言われています。」 ●数字に着目して，教室内で2mの高さ，運動場で幹の回りが50cm以上の木を探し，ビーバー目線からカメラで撮影する。 「高さ2mはどのくらいだと思いますか。」「ビーバーが切り倒す木はどのくらい大きいでしょうか。」 ●撮影した写真を共有し，気づいたことを書く。 「ビーバーはみなさんより小さいので，題名にある『大工事』は言い過ぎではないですか。」 ○次時の予告をする。	●【Google】本文中にビーバーの大きさが書かれていないことを確認する。検索機能を活用する。ビーバーの体長が約80〜100cmであることを伝える。そこで90cmとはどれぐらいなのかを考える。 ・身の回りにある物で90cmぐらいのものを調べる。 ・黒板や教室の入口はどのくらいの高さであるか予想する。 ●【カメラ】カメラを用いて，撮影する。小学2年生の平均身長が120cmであることを踏まえ，ビーバー目線に立つためには，カメラの位置を顔の前ではなく，胸の前まで下げることに気づかせたい。 ●【Jamboard】よく撮影できている写真を代表として，Jamboard に挿入し，児童が気づいたことをスタイラスペンで手書き入力できるようにしておく。

展開１の詳細・解説

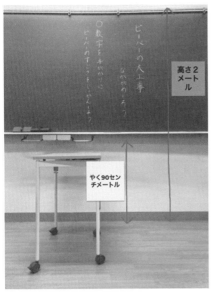

ペア（もしくは３人組）で，ビーバーの体長（90cm）と同じぐらいのものを教室内で探し，それぞれのタブレットのカメラで記録する。ビーバーは小学校２年生の平均身長より低いことを確認したうえで，ビーバー目線から２mの高さが体感としてどのくらいであるのかを体験する。左図は，教室の黒板の前にビーバーがいたとしたら，高さ２mとはどのくらい高いのかを撮影した写真である。

左図は，「みきの回りが五十センチメートルいじょうもある木」の大きさを探索する時間にカメラで撮影したものである。実際にどれくらいの大きさの木であるのか，また，ビーバーの目線から見るとどれくらいの大きさであるのかを押さえたい。こうした探索活動は，本文を読んだ後に，本文からの類推・想像を促し，「実際に確認しないとわからない」状態をつくった後に行うようにしたい。

展開2（5／7時）

本時の目標　〇ビーバーが巣を作る位置を理解し，適切に描き出すことができる。

〇学習活動	・留意点　● Chromebook の活用
〇本時のめあてを確認する。 　ビーバーはどこにすを作るのかをイメージしよう。 〇「『ビーバーはどこに巣を作るのか』考えながら，16段落〜20段落を音読する。	・教材本文にある写真・挿絵はあらかじめ隠しておくようにする。
●ビーバーはどこに巣を作るのかを描く。 　「では，ビーバーはどこに巣を作るのでしょうか。本文に書いてあることを手がかりにして，まずは自分で考えましょう。Jamboardのワークシートに手書きで描いてみましょう。川は右上から左下への矢印の方向に流れています。」	●【Jamboard】個別に，川と川の流れを線で表したワークシートを挿入しておく。スタイラスペンで手書き入力する。 ・ダムによってせき止め，湖ができるのはどこかを明らかにするために，川の流れの向きを説明しておく。
●個の考えを全体で共有する。 　「どこに描いたのかを新しいJamboard で共有しましょう。付箋に名前を手書きで書き，自分の書いた場所に付箋を貼りましょう。」	●【Jamboard】全体共有で，付箋に自分の名前を書き，ビーバーが巣を作ると思われる場所におく。
●本文の内容を絵に表すことで，理解の助けになることを確認する。 〇次時の予告をする。	●【Jamboard】書き込んだワークシートの画面をプロジェクターに映す。

展開２の詳細・解説

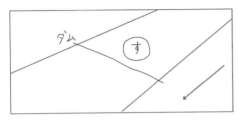

　事前に，Jamboard のホワイトボードを活用し，左図のようなワークシートを準備しておく。川は右上から左下に向けて流れている（図内の矢印の方向）ことを確認し，川の真ん中にダムを描く。上図は，ダムによってせき止められ，湖ができる場所を理解しているが，「みずうみのまん中」に巣を描いていない児童の例である。

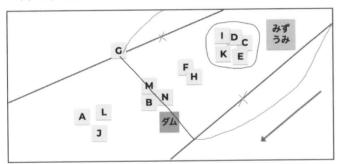

　Jamboard（全体共有）では，付箋に自分の名前を書き，どこに巣を描いたのかを共有する。イメージ化を促し，別の Jamboard で共有し，確認することで，形成的評価の一助になる。児童 F・H と C・D・E・I・K の違いを確認することができる。また，本文には，「みずうみ」と書かれていることから，川の輪郭に「×」印を描いて「湖」ができることを押さえることも大切である。

注(1)　ダムと巣の位置のイメージ化の発想は，長崎伸仁『新国語科の具体と展望―「習得・活用型」授業の創造』（メディア工房ステラ，2010年）pp.96-106の実践を基にしながら設計している。

注(2)　小川洋子「辞典の活用でイメージを広げ，論理的に読む〈読者〉に育てる【2年「ビーバーの人工事」】中列正堯・吉川芳則編著『主体的な〈読者〉に育てる小学校国語科の授業づくり―辞典類による情報活用の実践的方略―」（明治図書，2016年）pp.100-104から着想を得ている。

「すがたを変える大豆」（3年）

関連教材：「すがたを変える大豆」（光村3年）

教材の特性

　本教材は，大豆食品を事例に挙げながら「昔の人々のちえ」のすごさについて述べた説明文である。事例が豊富であり，その順序に特徴を生かした実践例も報告されている。本稿では，説明文を授業で読むという次の三点から本教材の特性を捉え，指導に生かしたい。

●日常生活へのまなざしを変える

　本稿でも最初に「題名」に着目する。本書の授業プラン「ビーバーの大工事」（p.126参照）での「ビーバー」は，児童にとって犬や猫のように身近に感じる動物ではなく，未知の部分が大きい。実際にビーバーが動いている映像を見る機会も多くないだろう。本教材の「大豆」の場合はどうだろうか。大豆は食事には欠かせない食品であるが，児童にとっては，大豆がどれだけ食品に「姿を変えている」のかについては意識が向いていないように思われる。また，題名を語彙・語句指導的に扱い，「すがたを変える大豆」の「大豆」と「（大豆が）すがたを変える」という二つに分けて考えられる。

●題名に着目する意義と実践の工夫

　本書の説明文教材の授業プランでは，教材の特性において題名を重視している。高学年教材「想像力のスイッチを入れよう」や「『鳥獣戯画』を読む」へと展開する。どの学年のどの教材においても最初に出会うのが題名である。日常生活での読書行為を想起すると，題名読みで行うことは，自分の興味・関心に基づいて本を選ぶこと，予想を立てて本文内容を概観することなど，「読むこと」において重要な側面を形づくっている。題名への感度を高める

ことは，自ら「問い」をもって文章を臨むことを見据えるためである。

●事例の種類と順序性

8段落に「大豆のよいところに気づき，食事に取り入れてきた昔の人々の**ちえ**におどろかされます」とある。「ちえ」に関わる「くふう」をあげる。

昔からいろいろ手をくわえて，おいしく食べるくふう	大豆食品の例
③やわらかく，おいしくするくふう	炒り豆・煮豆
④こなにひいて食べるくふう	きな粉
⑤大豆にふくまれる大切なえいようだけを取り出して，ちがう食品にするくふう	豆腐
⑥目に見えない小さな生物の力をかりて，ちがう食品にするくふう	納豆・味噌・醤油
⑦とり入れる時期や育て方をくふう	枝豆・もやし

9種類の事例は，姿を変える度合いが「小→大」という順序で並べられ，最後に特殊な例として枝豆ともやしが挙げられている。このように，事例として挙げられる「に豆」から「もやし」までの大豆食品は，昔の人々の知恵により食べ方を工夫した結果であることを押さえたい。

Chromebook 活用のポイント

● Jamboard の画面をグループで共有し，気づいたことを付箋に書く

説明文を読むことで大切にしたいことの一つとして，説明文を読む前と後で，「日常生活の見方・考え方が変わる」ということにある。授業を受ける前では，児童が「だいず」という名前は知っていたとしても，その「だいず」という野菜の名前が，自分の日常の食卓にどれだけ関わっているのかを感じることは少ない。そこで，給食の献立表を活用し，普段から口にしている食品や使用されている野菜の名前を挙げる活動を構想する（給食の他に，夕食などの献立を取り上げてもよい）。その際，料理名と使用されている食品に分けることで，「大豆」がどれだけ関わっているのかに気づかせる仕掛けとしたい。給食の献立表をカメラで撮影し，Jamboard の背景として設定

しておく。下側に，使用する食品や野菜など調べたことを付箋に貼り付けることで，題名と出会う前に，様々な食品を探したり，見つけたりすることができる。題名「すがたを変える大豆」の「大豆」食品について知っていることを挙げる際に，付箋を色分けすることもできる（展開１参照）。

●**他の題名候補を考え，Jamboard の付箋で協議する**

題名について，「『すがたを変える大豆』よりも，『昔の人々のちえ』の方がよいのではないか？」というゆさぶりをかけることができる。筆者は昔の人々の知恵に「おどろかされ」ているし，事例として挙げた大豆食品は，昔の人々の知恵によるものでもある。しかし，「昔の人々のちえ」では，何についての知恵であるのかが明確にならないし，大豆食品であること，様々な姿に変える工夫があることなどが読み手に伝わらない。題名について考える時間を設けることで，こうした「読み手」への意識に気づかせたい。Jamboard の付箋に他の題名候補を書き，全体で共有し，協議することで，九つの事例と題名のつながりについて考えることができる。

●**ネット検索で，教材に書かれていない情報を調べる**

ネット検索することで，教材には記述されていない事例（例えば「油揚げ」）や情報を知ることができる。中学年段階では，〈検索ワード〉を自分で考えて，検索結果を得ることを通して，〈検索〉にも慣れていきたい。例えば，「大豆　食品例」や「大豆　栄養」等と検索することで，栄養価や大豆そのものの情報などを知ることができる。情報への信頼度を担保するために，食品会社のホームページ等を事前確認したい。

●**ドキュメントを活用してレポート作成する**

先の検索で得た情報と教材から得た学びを踏まえて，「昔の人々のちえ」についての学習レポートを作成する。検索で得た大豆の画像を挿入することや，タイピングに慣れ，ドキュメント作成に挑戦できるようにしたい。また，他の実践プランでも示されているが，作成したレポートについて，「コメント」機能を用いて交流することも可能である。

単元指導計画（全8時間）

単元目標　◎大豆食品を生み出した「昔の人々のちえ」を理解するとともに，食生活との結びつきについて考え，自分の考えをまとめることができる。

次	時	○学習活動	● Chromebook の活用
一	1	○給食の献立表から，どのような食品が使われているのかを調べて，気づいたことをまとめる。	●【Jamboard】献立表の画像を挿入し，気づいたことを個別に手書き入力する。（●【フォーム】で集計も可能）
	2	○題名を提示し，「大豆」について検索し，調べたことをまとめる。	●【Google】検索する。●【Jamboard】本文内容の予想を書き込む。
	3	○題名から本文の内容を予想する。全文を通読する。	（新たに知ったことや感じたことを交流する）
二	4	○「昔の人々のちえ」のなかで「すごい」「かしこい」と思うのはどれかを交流する。	●【Jamboard】全体で共有したホワイトボードに付箋を貼る。
	5	○5種類の「くふう」の中で一番苦労したと考えられる「ちえ」は何か交流する。	●【Jamboard】全体で共有し，付箋を貼る。
三	6	○「昔の人々のちえ」について学習レポートにまとめる。	●【ドキュメント】学習レポートをまとめる。
	7	○学習レポートを読み合い，コメントを書き込む。	●【ドキュメント】コメント機能を用いる。
	8	○コメント付きのレポートを通して，学習を振り返る。	●【スプレッドシート】振り返りを書き，共有する。

＊第二次以降の単元構想は，後述の実践モデルを基に設計している。

展開1（1／8時）

本時の目標　　○給食の献立表を調べることで，さまざまな食品がバランスよく使用されていることを知ることができる。

○学習活動	・留意点　● Chromebook の活用
○本時のめあてを確認する。 きゅう食のこん立て表から，よく使われている食品を見つけよう。 ○「給食の献立表から，1週間で食べたメニューと使われた食品を調べて，たくさん使われている食品ランキングをつくりましょう。」 ●個人で気づいたことを手書き入力する。→その後，グループ（3名～4名）で，「たくさん使われている食品ランキング」を作成する。 ●グループでつくったランキングを全体で交流する。 ●普段食べている給食は，様々な食品を調理したものであることを確認する。 ○振り返りをワークシートに書く。 ○次時に「大豆」を題材にした説明文を学習することを伝える。	・給食の献立表の形式は自治体によって異なる。食事のメニュー（例えば，「カレーライス」）と使用される食品（にんじん，じゃがいも……など）とのつながりがわかりにくい場合は，教師があらかじめ表作成をしたものを配付するとよい。 ・グループ数に応じて，調べる献立表の時期を変えておく（例：A班＝第1週目，B班＝第2週目……など）。 ●【Jamboard】Jamboard（個別）の背景を，献立表の画像としておく。児童は気づいたことをスタイラスペンで手書き入力する。 （●【フォーム】で，食品リストを集計することもできる）

展開１の詳細・解説

　展開１のねらいは，①児童が親しむ給食が様々な食品や調味料によってつくられていると実感させること，②それらの食品のなかに，実は大豆食品が関わっていることに気づく素地を整えることにある。

たくさん使われている食品をさがそう

日	献立名	食品名	日	献立名	食品名	日	献立名	食品名
	パン	パン		むぎごはん	こめ		ごはん	こめ
	ぎゅうにゅう	ぎゅうにゅう			むぎ		ぎゅうにゅう	ぎゅうにゅう
	スパゲティ	スパゲティ		ぎゅうにゅう	ぎゅうにゅう		さばのみそに	さば
		ベーコン		とりにくのからあげ	とりにく			しょうが
		たまねぎ			あぶら			こいくちしょうゆ
		にんじん			ベーコン			さとう
		グリーンアスパラガス		ほうれんそうのソテー	ほうれんそう			みりん
		エリンギ			サラダあぶら			みそ
		オリーブオイル			コンソメ			みず
31 (月)		しお	1 (火)		こしょう	2 (水)	こまつなのにびたし	こまつな
		こしょう		ちゅうかふうスープ	ぶたにく			あぶらあげ
		にんにく			しお			こいくちしょうゆ
		コンソメ			さけ			みりん
		チーズ			たまねぎ			さとう
		だっしふんにゅう			にんじん			かつおだし
		じょうしんこ			もやし			みず
		ぎゅうにゅう			えのき		とうふのみそしる	とうふ
		バター			にら			たまねぎ
		みず			とりがらスープ			ねぎ
	フルーツポンチ	パイナップル			こいくちしょうゆ			かつおだし
		オレンジ			ごまあぶら			みそ
		さくらんぼ			みず			みず

しお	たまねぎ	にんじん	しょうゆ	みそ	とうふ	あぶらあげ？	もやし

　給食の献立表をスキャンし，画像として Jamboard（ホワイトボード）の背景に設定しておくことで，スタイラスペンで直接書き込むことができるようする。児童の実態に応じて，グループ（３〜４名）で，A班は５月第１週目，B班は第２週目……という具合に担当を分けてもよい。調べてみると，例えば，しお・たまねぎ・にんじんが多く，大豆食品では醤油・味噌・豆腐・油揚げが用いられていることがわかる。この献立表は，題名読みや，本文理解の際にも，「本当に姿を変えている」ことを実感するのにも活用できる[1]。

注[1]　第一次の学習活動のあり方を検討した先行研究として，河野順子『〈対話〉による説明的文章の学習指導―メタ認知の内面化の理論提案を中心に―』（風間書房，2006年）が挙げられる。

展開2 （6／8時）

本時の目標　○これまでの学習を生かして，「昔の人々のちえ」のすばらしさについて学習レポートにまとめることができる。

○学習活動	・留意点　● Chromebook の活用
○本時のめあてを確認する。 これまでの学習を生かして，「昔の人々のちえ」のすばらしさについて学習レポートにまとめよう。 ○これまでの学習を振り返る。 　「これまで大豆を食べる工夫を重ねてきた『昔の人々のちえ』について学習しました。復習しましょう。 　・9種類の大豆食品と五つの工夫を確認する。 ●学習レポートを書く。 　「これまでの学習を踏まえて『「昔の人々のちえ」のすばらしさ』についてレポートにまとめましょう。『自力で書く』と『フォーマットを活用する』を選びましょう。」 　例）私がすごいと思ったちえは……です。醤油は，次の○つの手順で作られます。……。これまでの学習から，……。 ○次時の予告をする。	・これまで学習してきたことを学習レポートで書く内容とつなげるようにする。 ・学習レポートには，次の二つを観点に書くことを伝える。 (1)「すごいな」「かしこいな」と感じた工夫や知恵について，大豆食品を取り上げる。 (2)学習を通して考えたことや感じたことを書く。 ●【ドキュメント】実態に応じて，ワークシートに手書きする時間をとった後で，ドキュメントにタイピングする時間をとることも考えられる。

＊本展開は後述の単元構想を基に設計している。

展開２の詳細・解説

> わたしは「昔の人々のちえ」のすばらしさは、「手間」と「時間」にあると思いました。なぜなら、大豆の食品ができるまでには、単じゅんなものばかりではなくかなり手のこんだふくざつな食品もあることをせつ明文から知り、昔の人は自分の知っているちしきを上手に活用しながら大豆を加工していることを知ったからです。
> また、みそやしょうゆはできあがるまでに一年以上の時間がかかることも知りました。わたしだったらきっとさいしょはそこまで待てなかったと思います。きっとそんなに時間がかかったらとちゅうで「しっぱいだ」ってあきらめてしまうと思います。そこに昔の人々のすばらしさを感じました。

自分の言葉で書くことができていますね！

> ぼくは「昔の人々のちえ」のすばらしさは、「大豆のよさを引き出したところ」にあると思いました。なぜなら、せつ明文でしょうかいされている９しゅるいの食品は、どの食品も大豆のとくちょうを知っていないとできないわざだと思ったからです。きっと昔の人々は、すぐにこれらのわざを見つけることができたのではないと思います。じゅ業でも学んだようにたくさんのくろうがあったなかでようやくたどり着けた「ちえ」ばかりだと思います。ぼくたちの身の回りにある他の食品にもきっと同じように昔の人々のちえがたくさんかくされていると思いました。その「ちえ」を見つけたいと思います。そして、自分もしょうらい、新しい知恵を伝えていけるようになりたいです。

考えとその理由がはっきりと書かれていて読みやすかったです。

次の時間に一緒にネット検索をしてみましょう！

　ここでは，「考えの形成」の場面として文章にまとめることを例示した。ドキュメントのコメント機能を活用し，児童同士で感想を交流することもできる（授業プラン「やまなし」p.118参照：ドキュメントの上部のメニュー内（「挿入」→「コメント」を選択）により，文章の特定の箇所にコメントを付けることができる）。

　また，「『昔の人々のちえ』のすばらしさ」についてのレポートに加えて，「すがたを変える大豆」の学習全体を振り返るレポートを作成する活動も考えられる。この時，自分のレポートに使用したい大豆食品の画像を選ぶことや，大豆に関する情報を記載したホームページの情報，図書館にある図鑑・資料などの記述を基に，新しく知ったことをまとめることも可能である。

注　単元指導計画の第二次および第三次の展開は，執筆者の沼田拓弥氏の了解を得て，石丸憲一編，東京・国語教育探究の会著『小学校国語科　考えの形成を促す説明文の発問・交流モデル』（2020年，明治図書）pp.60-63の実践モデルを参照し，展開したものである。なお，上記の児童のレポート例は，前掲書を基にしている。

「アップとルーズで伝える」（4年）

関連教材：「アップとルーズで伝える」（光村4年）

教材の特性

「アップとルーズで伝える」についての教材の特徴を挙げてみる。

①問いと答え……3段落の終わり「アップとルーズでは，どんなちがいがあるのでしょう」という問いに，4，5段落で答えている。

②はじめ・中・おわり……はじめ：1〜3段落，中：4〜7段落，おわり：8段落だが，児童による検討では，7段落を終わりとする意見も出されるだろう。

③頭括型，尾括型，双括型……3段落に，「このアップとルーズを選んだり，組み合わせたり……が大切です」，8段落に，「送り手は……アップとルーズを選んだり，組み合わせたりする……のです」とあるので，「双括型」である。

④「中」の事例を挙げる……1〜6段落でのテレビの事例と7段落の新聞の事例である。ただし，7段落を事例と捉えられないと，テレビについてアップとルーズという二つの事例と捉えることも考えられる。

⑤事例は適切か……テレビと新聞という二つの事例を取り上げている。テレビについてはとても詳しく述べられているが，新聞については写真もなく雑駁な印象を受ける。

⑥事例の順序は適切か……アップとルーズについて，どのように段落が展開されているかというと，ルーズ→アップ→（アップ・ルーズ）→アップ→ルーズ→（アップ・ルーズ）となっている。わかりやすい展開であれば，アップ→ルーズの繰り返しないしはルーズ→アップの繰り返しの方がよくないか。

⑦題名と内容の整合性……⑥のことを考えると「アップとルーズで伝える」がよいのか「ルーズとアップで伝える」がよいのかという問題が生じる。

⑧筆者の主張に賛成できるか……テレビを通じての主張については異論なく賛成できるだろう。しかし，それが新聞ほか様々な場合に当てはまるかは，本教材だけでは判断できないといえるだろう。

　以上のような特徴を踏まえると，どのように教材の特性を定位したらよいだろう。本教材の特徴ともいえる非連続テキストである写真の多さで，連続テキストである本文の理解を助けているところが多分にある。しかし，先にも述べたように新聞の事例については根拠がないということになってしまう。著者はこの点を教材の特性と捉え，単元を構想したいと考えた。

　インパクトもありわかりやすい文章の中に，疑問，矛盾を感じることも教材の特性となり得るのである。作品としての説明文のよさと，教材としての説明文のよさは異なる。前者は長所のみを指しているが，後者については，長所だけでなく短所も貴重な授業づくりの要素になり得るのである。そこで，一通りの読み取りをした後，教材の特性を生かすために7段落にもう一度焦点を当てて考えることを軸に単元を構想した。

Chromebook 活用のポイント

●題名読みを Jamboard で

　説明文の導入としては既にオーソドックスな手法となっている題名読みをJamboard を活用して行う。題名読みは必然性のない「読むこと」の学習において，読むためのモチベーションを得るうえで効果的な手だてである。これまで，私たちは題名読みを，児童との口頭でのやりとりで行ってきたが，今回は，これを Jamboard を使って実施してみたい。通常のやり方であれば，数名の児童からの発言を求め，形式的なやりとりをして，教材文の範読に入る。そこを全員参加の形にするために，ホワイトボードに題名からひらめいたことを付箋に書いて貼るようにする。

　それぞれが題名から思い浮かぶことを書いた付箋を一覧にして見合うこと

で，自分にない発想を知り，また，題名に対するイメージがより複雑なものになり，範読を聞いた際の驚きや興味につながっていく。

　時間があれば，簡単に類型化すると，全体の興味の方向性を一目で把握することができ，感じ方の多様性を知ることにもつながる。

● Jamboard で文章の構成を考える

　文章の構成を考えることは，しばらく前までは単元の終盤で，全てがわかった時点で行うものというような授業がよく見られた。しかし，最近では，序盤に捉えられるだけ捉えて，それをヒントに細部を読み解いていくという実践が多く見られるようになってきた。

　本単元でも第1時に読み取った「問いと答え」「はじめ・中・おわり」から「中」の構成を考えることにした。ノート上では，構成を考えるプロセスでの操作をすることはできないが，Jamboard のホワイトボードを使えば，付箋の移動が自由自在なので画面上に思考を反映することができる。試行錯誤が可能になるということなのだが，この試行錯誤自体が実は質の高い思考になっている。タブレットの使用は，思考の道筋自体を操作で体感するもので，使うだけで思考を促すことになる教具なのである。

●ドキュメントで思考からまとめまで

　本単元では，中盤から後半で積極的にドキュメントを使っていく。

　中盤ではワークシートとしてドキュメントを使う。罫線で自由に枠をつくり，書き込めるワークシートを作ることができるのがドキュメントを使うことのよさの一つである。紙版で配付することは，これまでもワード等で作成していたので見かけ上は同じであるが，その後の共有のしやすさや文章作成にデータを生かすことについては，タブレット上で行う方がメリットは大きい。

　後半では文書作成の道具として使う。これまでのドキュメントでの学習を生かしつつ，文章作成で，まとめていく。構成として，いくつかの柱を立てておくことで，記述がスムーズに進む。共有もしやすいので，キーボード入力に慣れてきた4年生にとって学びやすい環境ともなる。

単元指導計画（全7時間）

単元目標　◎文章の中の事実と意見を見極めることで，事実に基づいている意見とそうでない意見を識別し，後者について補足した説明文を書くことができる。

次	時	○学習活動	● Chromebook の活用
一	1	○題名読み。全文通読。問いと答え，はじめ・中・おわりを考える。	●【Jamboard】ホワイトボードに題名からひらめいたことを付箋に書いて貼る。
二	2	○「中（中1・中2）」の構成を考え，結論が書かれている段落を探す。	●【Jamboard】段落番号を書いた付箋に見出しを書き足し，構成を考える。
二	3	○アップとルーズの定義と使い方をまとめる。	●【ドキュメント】ワークシートに，アップとルーズの定義や使い方をまとめる。
二	4	○アップとルーズの書かれている順序を考え，題名との関係を考える。	●【Jamboard】第2時のホワイトボードを活用して順序について検討する。
二	5	○7段落（中2）の必要性について考える。	（これまでの読解過程を踏まえ，7段落の新聞の記述に納得できるかできないかを考えることで，必要性を考える）
三	6	○新聞は本当にアップとルーズを使い分けているか調べてレポートを作成する（できたらChromebookで）。	●【ドキュメント】1週間分の子供新聞を事前に教室に展示しておいてどの写真と記事を対象とするかを決めておくようにし，本時に考えをまとめて記述する。
三	7	○グループで発表し合う。	●【ドキュメント】前半は様々なペアでの画面での共有し，後半は大画面で共有する。

展開 1 （1／7時）

本時の目標　○「問いと答え」を見つけることにより，「はじめ・中・おわり」の切れ目を考え，全体の構成を捉えることができる。

○学習活動	・留意点　● Chromebook の活用
●題名読みをする。 　「『アップとルーズで伝える』という説明文を読みますが，『アップ』や『ルーズ』について知っていることや思いつくことを付箋に書いて貼りましょう。」 ○全文を範読する。 ○本時のめあてを確認する。 　「アップとルーズで伝える」の大体をつかもう。 ○「問いと答え」を捉える。 　「まず，『問い』を探してみましょう。」 　「次に，『問い』に対する『答え』はどこに書かれているかを考えましょう。」 ○「はじめ・中・おわり」を考える。 　「みんなが見つけた『問い』と『答え』を基に，『はじめ・中・おわり』の切れ目がどこかを考えましょう。」 　「7段落は『中』に入るのか，『おわり』に入るのかを話し合いましょう。」 ○次時の予告をする。	●【Jamboard】ホワイトボードに題名から思いつくことを付箋に書いて貼る。イメージが湧かないときは，「アップ」が大写しにすることだということを伝え，そこからイメージを引き出すようにする。出てきた意見は，可能なら分類し，自分たちの想像がどういう方向性をもったものかを考えるきっかけにする。 ・「問いと答え」を捉えることで，次の課題である「はじめ・中・おわり」を捉えることにつなげる。 ・「はじめ」については，1～3段落であることを簡単に捉えることができるが，「中」について6段落までと考える児童もいると考えられる。このことを論点に議論することで，全体の構成について考えさせたい。

展開１の詳細・解説

　題名読みをする場合は，どちらかといえば題名が具体的で，題名から教材に書かれていることが想像しやすい場合に行われることが多い。抽象的な題名の場合は，内容とかけ離れたイメージで，かえって読み取りを混乱させることになると考えるからである。本教材についても，抽象的な題名であり，しかも，「アップ」「ルーズ」について意味を把握している児童は少ないと思われる。しかし，あえて題名読みをし，教材の内容に絡ませながら題名読みをすることが効果的と考える。そこで，まず言葉から考えたことを発言させ，「アップ」の意味を限定していくことで，内容に関わらせながら題名読みを進めていく。

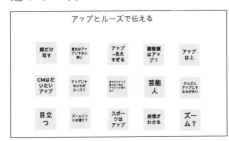

　事前に Jamboard で，クラス全員で一つのホワイトボードを使えるように設定しておく。「アップ」が画像や画面の表し方だとわかった児童が，それぞれの感じたことを付箋にして貼っていく。同じような表記になっても気にしないで貼るようにする。

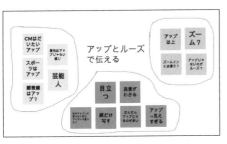

　一通り貼り終えたら，似ているものはあるかを問い，似ているものを集め，同じ色に変えていく。類別できたら，さらにボードを見て気づいたことを発表させる。呼び名にこだわる児童，写し方にこだわる児童，対象にこだわる児童など様々であり，それぞれについてどう書かれているかに注目することを指示し，範読に移る。

展開2（3／7時）

本時の目標　○4，5段落に書かれているアップとルーズの使い方を読み取ることで，アップとルーズが「伝えられることと伝えられないこと」を一般化して捉え，自分なりの言葉で表現することができる。

○学習活動	・留意点　● Chromebook の活用
○全文を音読する。 ○本時のめあてを確認する。 　アップとルーズについて，わかりやすくまとめよう。	・前時までで捉えた構成を基にして考えることを押さえておく。
●アップとルーズの定義と使い方をまとめる。 「まず，アップとは何か，ルーズとは何かをドキュメントのワークシートにまとめましょう。」 「次に，アップとルーズのできること，できないことを，それぞれまとめましょう。」	●【ドキュメント】事前にドキュメントで個人用のワークシートを作成し，共有しておく。ワークシートは，アップとルーズの定義と使い方，できることをつながりとして捉えることができるように作成する。
●アップとルーズの働きを一般化して捉える。 「6段落に『アップとルーズには，それぞれ伝えられることと伝えられないことがあります』とあります。伝えられることと伝えられないことをそれぞれ考えて書きましょう。」 ○次時の予告をする。	●【ドキュメント】前の課題で捉えた具体的な使い方を一般化することで，部分の読みと全体の読みをつなぐことを実現する。発表する児童のワークシートを共有し，大画面に投影して話し合いの材料とする。

展開2の詳細・解説

ワード等の文書作成ソフトに慣れているとドキュメントのシンプルな機能を物足りないと感じるかもしれない。しかし、授業で使うワークシートは、児童にとってはわかりやすく、記入しやすいものがよいので、シンプルな機能をうまく使って作成するくらいがよいのである。

本文から抜き出させるだけでは児童の思考を鍛えることができないので、探して抜き出す部分とまとめる部分、自分で言葉を考える部分をバランスよく設定しておくことが重要である。

この学習活動のポイントは、「アップ（ルーズ）とは？」と「アップ（ルーズ）の特ちょう」をまず押さえ、その情報から、アップとルーズのそれぞれの伝えられること、伝えられないことを抽出することである。教科書の記述にこだわらず、自分の考えを反映した表現をし、それを共有し合ってよさを認め合う活動とすることで、アップとルーズを自分の概念とすることにつながる。

「想像力のスイッチを入れよう」（5年）

関連教材：「想像力のスイッチを入れよう」（光村5年）

教材の特性

　本教材はメディア・リテラシーに関する論説型の説明文である。説明文の授業では，文章構成や筆者の述べ方の工夫，論の展開なども大切な学習指導内容であるが，本教材の特性は，筆者のいう「想像力のスイッチ」という「方法」を児童が獲得し，実生活に生かすことを目的とするところにある。筆者の主張を批判的に吟味・評価する構えではなく，筆者のメッセージを受けて，「想像力のスイッチ」と児童の生活と結びつけながら，実生活にどう生かすのかを考えるということを重視したい。

●題名の表現「入れよう」に着目する

　児童に向けた筆者のメッセージの中で最も端的にまとめられているのが，題名「想像力のスイッチを入れよう」である。本書の説明文の授業プランでは一貫して題名に着目しているが，学習指導過程の最初にこの題名と出会った児童は何を感じ，どのような内容を予想するだろうか。そして，本文を読み終わり，筆者のメッセージをどのように受け止めるだろうか。この願いは果たして初読段階の児童に届くだろうか。説明文を読むということは，よりよく筆者と対話をすることで，筆者と通じ合うことにあるとすれば，初読段階でどのように児童が感じるのか，どのように感じ方にずれが生じるのかが重要になる。自分の考えを書く時間を十分に確保したい。

●三つの事例と四つのスイッチ

　「想像力のスイッチ」がわかるということは，具体的な日常生活の場面で使えるようになることを含んでいる。説明文を読んで，「『想像力のスイッ

チ』の大切さがわかった」という感想に留まらず，自分の生活に引きつけて考える場面が必要になる。そこで，まずは，筆者の説明を読む前に，三つの事例（5段落：「円と四角形」の事例1，7段落：「サッカーの人気チームで監督が辞任することになり，Aさんが新しい監督になるのではないかと注目が集まっている。」の事例2，10段落：「Aさんは，来月から予定していた外国での仕事を，最近，キャンセルした。」の事例3）のみを提示して，事例に対して児童が感じることを交流させたい。

● 「筆者」の側から教材を眺める

　高学年教材には，文章中に「筆者」の顔が出るようになる。この「顔が出る」という比喩は，「筆者らしさ／筆者ならではの……」と言い換えてもよい。最終段落（16段落）では，「あなたの努力は，『想像力のスイッチ』を入れることだ」とある。あなた＝読者の努力を求めているが，15段落では，筆者が「そんな思いこみを防ぐために，メディアの側も，情報を受け取るあなたの側も，それぞれに努力が必要なのである。」と，「情報の送り手＝メディア」と「受け手＝読者」双方の努力が必要であることを強調している。筆者は，児童だけに努力を求めているわけではないことに気づくと，「それぞれの努力」の理解が深まるだろう。筆者の下村健一氏はどのような人物で，どのような仕事をしているのかを検索することで，本文には書かれていないが，メッセージをよく理解する一助としたい。児童の生活と本文とを関係づけることに加えて，「筆者」の側から教材を眺めるという見方によって，児童は，〈書き手〉と〈読み手〉の二つの視点から文章を眺め，考えることができるであろう。

Chromebook 活用のポイント

● Jamboard の付箋を活用して，考えの「ずれ」を可視化する

　読むことの授業と Chromebook が大きく関わるのが，Jamboard による共有である。初読段階や展開1において，どのように児童が感じたり，考えたりするのかを共有する。児童同士の「ずれ」が可視化されることによって，

交流を通して個の考えを深める契機としたい。四つのスイッチ（「『まだ分からないよね。』と考える」「『事実かな，印象かな』と考える」「『他の見方もないかな。』と想像する」「『何がかくれているかな。』と想像する」）についても，「自分にとって最も大切だと思うスイッチはどれか」という問いによって，自分の考えを理由とともにもつことを促したい。

●筆者についてネット検索することで，筆者のメッセージの背景を知る

　教材には筆者についての簡単な紹介が載っているが，Google 検索で筆者名「下村健一」と検索することで，筆者の経歴や仕事内容を知ることができる。筆者からのメッセージの背景を理解することができるだろう。信頼性が担保されている検索結果の例として，光村図書出版のホームページ「『想像力のスイッチを入れよう』リライトにこめた思い（2020年4月1日）」や，筆者本人のホームページが挙げられる[1]。

●ドキュメントと Classroom でフィードバックを返す

　レポートをドキュメントで作成する。児童の実態に応じて対応することが求められるが，高学年ではタブレット操作だけでなく，タイピングにも慣れている状況であれば，ドキュメント作成したレポートを Classroom で提出させることも可能である。Classroom の利点は，児童がそれぞれ提出するレポート（ドキュメント）を一括管理できるところにある。レポートを読み，フィードバックとしてコメントを児童に返すことができる。

注(1)　光村図書ホームページ
　　　https://www.mitsumura-tosho.co.jp/kyokasho/s_kokugo/interview/shimomura/rewrite.html
　　　下村健一オフィシャルサイト http://shimomuraken1.com/ を参照。
　　　（最終閲覧2021年6月1日）
注(2)　本実践プランの単元は，執筆者三浦剛氏の了解を得て，石丸憲一編，東京・国語教育探究の会著『小学校国語科　考えの形成を促す説明文の発問・交流モデル』pp.82-87のモデルに着想を得ながら展開したものである。

単元指導計画（全7時間）

単元目標　◎筆者の主張を自分の生活に生かすように捉えて，学習したことをレポートにまとめることができる。

次	時	○学習活動	● Chromebook の活用
一	1	○題名読み（本文内容を予想）。 ○「想像力」と聞いて連想するものをできるだけ挙げて，自分の生活を振り返る。	●【Jamboard】テキストボックスに自分の予想を書く。 ●【Jamboard】全体で共有した付箋に想像力から連想されることを書きマッピングする。
二	2	○本文を読み，自分の予想した内容と比べる。感想を交流する。	●【Jamboard】全体共有し，色分けした付箋に感想を書く。
	3	○文章構成を確認する。三つの事例のなかで最も大切だと思うのはどれかを選ぶ。	●【Jamboard】全体共有する。付箋に理由・考え〈自分の名前〉を書き，共有する。
	4	○四つのスイッチのうち，自分にとって一番必要だと思うものを選び，理由を交流する（ドキュメント作成の練習を兼ねる）。	●【ドキュメント】自分の考えと理由を書く。 ●【Google】筆者について検索する。
三	5	○レポートの書き方を確認する。 ○ワークシート（手書き）に文章を下書きする。	●【Jamboard】全体共有する。教師のモデル文を挿入し，児童が手書きメモを入れる。
	6	○下書きを基に，ドキュメントで「『想像力のスイッチ』と私レポート」を書く。	●【ドキュメント】清書する。相互評価し，文章を推敲する。Classroom で提出する。
	7	○書き上げたレポートを読み合い，「下村大賞」を決定する。	●【ドキュメント】共有し，コメントを入れる。

＊上の単元指導計画は前掲書[(2)]を基に設計している。

展開1 （4／7時）

本時の目標　　○サブタイトルにふさわしいスイッチがどれかを考え，筆者の主張を自分に引きつけて考えることができる。

○学習活動	・留意点　●Chromebook の活用
○前時の学習の振り返り。 「筆者は四つのスイッチを二重鉤括弧（『』）で紹介しています。確認しましょう。」 ○本時のめあてを確認する。 四つのスイッチのうち，サブタイトルに用いるならどれが一番ふさわしいか考えよう。 ●めあてについて考えをもつ。 「サブタイトルにふさわしいと思うスイッチは四つのうちどれだと思いますか。Jamboard に考えを書きましょう。」 「選んだスイッチごとにグループをつくり，考えを交流しましょう。」 「これまでの体験を振り返って，『選んだスイッチを働かせたほうがよかったな……』と思う場面を考えてみましょう。」 ○全体で交流する。 ○今日の学習を振り返り，次時の予告をする。	・前時の学習では，多くの児童が三つ目の事例を選んでいると思われる。その理由と根拠を振り返りながら，文中の四つのスイッチ（Jamboard の付箋をそれぞれ，『まだ分からないよね。：ピンク』『事実かな，印象かな。：黄色』『他の見方もないかな。：水色』『何がかくれているかな。：緑色』）を確認する。 また，四つのスイッチがそれぞれどのような場面で用いられているものであるのかも合わせて確認する。 ●【Jamboard】全体共有で，自分の名前を付箋に書き，その色で選んだスイッチを表す。 ①考えて書く時間を十分にとる。文章全体に関わるスイッチはどれかを考えられるようにする。 ②選んだスイッチが多かった場合，１グループ（3〜4名）に分けて，交流する。

＊上の指導計画は前掲書⁽²⁾を基に設計している。

展開１の詳細・解説

　四つのスイッチ（Jamboard の付箋をそれぞれ，『まだ分からないよね。：ピンク』『事実かな，印象かな。：黄色』『他の見方もないかな。：水色』『何がかくれているかな。：緑色』）を確認する。付箋に自分の名前（上の例ではアルファベットで表している）を書き，全体で共有することで，誰がどの考えであるのかを一目でわかる。その後のグループ活動に移る際に，自分は「誰と」「何について」話し合うのかが明らかになる。

　また，交流を通して，自分の考えが変わる児童も出てくるであろう。その時には，児童Ｅ・Ｂ・Ｏ・Ｃのように付箋の色を橙色に変更し，考えが変わった場所に付箋を移動させることで，全体の考えを共有することができる。ここで「一番ふさわしい」スイッチとしての唯一の正解は設定しない。自分の生活を振り返ったときに，「自分にとって一番大切だと思うスイッチ」を選び，その理由について考えることで，次時以降の学習レポートの作成につなげていくことが大切である。

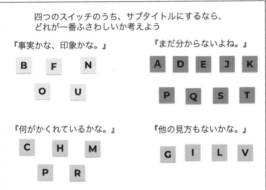

展開2 （5／7時）

本時の目標　○「『想像力のスイッチ』と私」レポートの書き方を知り，よい文章のポイントについて知ることができる。

○学習活動	・留意点　●Chromebook の活用
○本時のめあてを確認する。 これまでの学習を基にして，「『想像力のスイッチ』と私レポート」をまとめよう。	・学習レポートのテーマについて，わかりやすく説明しておく。
○これまでの学習を振り返る。 　①説明文の特徴，②三つの事例と四つのスイッチを確認する，③四つのスイッチと自分の体験を関わらせる。	・学習レポートの作成に結びつくような振り返りとするために，項目を絞って振り返る。
●レポートの書き方を確認する。 　・小集団（3〜4名）に分かれて，教師の二つのモデル文を比較しながら，違うところを見つける（手書きでコメントする）。	●【ドキュメント】教師の書いた二つのモデル文をプロジェクターに映す。
○次回について説明する。次回は，レポートの下書きをワークシートに書く。自分のレベルに合わせて次のAまたはBから取り組む活動を選択する。 　A：これまでの学習を踏まえて，自力で書く。 　B：書き出しのフォーマットを用いて書く。	●【ドキュメント】よいモデル文と比較しながら，次の条件1〜3を必ず満たすことを確認する。 条件1：四つのスイッチの中で最も大切だと思ったものを書く。 条件2：最も大切だと思ったスイッチに合う体験や出来事を書く。 条件3：学習を通して自分が感じたことを書く。 ・次の時間に，【ドキュメント（個別）】にレポートの清書を書く。

＊上の指導計画は前掲書(2)を基に設計している。

展開2の詳細・解説

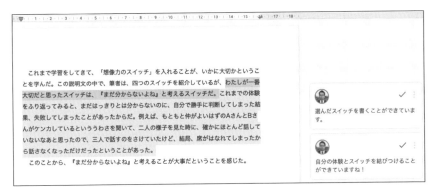

　上は学習レポートに，ドキュメントのコメント機能を用いて教師がフィードバックを記入した例である。自分が選んだスイッチと，そのスイッチの大切さを実感する出来事や体験を具体的に書くようにすることで，筆者のメッセージと読者の生活とを関係づけることができる。

　また，ドキュメントを Classroom で提出させることができる。提出したドキュメント（学習レポート）に対して，フィードバックとしてコメントを返すこともできる。下図は，それぞれ Classroom で「課題」を設定し，児童が提出したドキュメントに対するコメントを記したものであり，例1は教師側の画面，例2は児童側の画面である。

例1　教師側　　　　　　　　　　　　　　例2　児童側

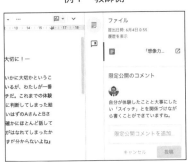
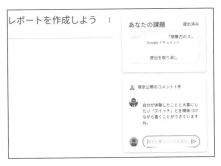

「『鳥獣戯画』を読む」（6年）

ドキュメントとスライドで自分の解釈を発表する

関連教材：「「鳥獣戯画」を読む」（光村6年）

教材の特性

●筆者・高畑勲氏という存在

　本教材の特性は，国宝の絵巻物『鳥獣人物戯画』を題材に，アニメ製作者の高畑勲氏が筆を執ったというところにある。高畑氏が筆者であることは，随所にアニメ製作のプロならではの見方が大きく表れており，冒頭の蛙と兎と相撲についての解説をはじめ，『鳥獣戯画』が漫画やアニメの祖であり，人類の宝であるという主張に説得力をもたせるものとなっている。

●自分の考えをもつ順序

　説明文の筆者と読者の間には，題材についての知識・経験量に大きな隔たりがある。特に，説明文を読むという行為は，新たな知識や見方・考え方を知る（獲得する）ことを主な目的とすることを考慮すれば，小学6年の児童にとって，「筆者から聞く」姿勢になるのは自然なことである。筆者は，1段落で『鳥獣戯画』の一場面を「蛙と兎の相撲」と捉えている。文末表現の特徴も相まって，思わず高畑氏ならではの見方や解釈に圧倒されてしまう。こうした特性に応じて，例えば，筆者の1〜2段落の解説と出会う前に，『鳥獣戯画』の絵のみを児童に見せ，自分なりにどう読むのかを書く活動である。また，ワークシート等を工夫することで，蛙と兎の台詞を吹き出しに書く活動や，相撲の模様を伝える実況を考える活動を構想することもできる[(1)]。

●「見る」ことと「読む」ことの違い

　「『鳥獣戯画』を見る」のと「『鳥獣戯画』を読む」とでは何が違うのだろ

うか。日常生活では「アニメを見る」「漫画を読む」と表現することに着目し、辞典類の活用へと展開することは、題名の秘密を解く手がかりになるだろう。「読む」ことには、「見る」ことに「意味を解く・理解する」ことが加えられていることがわかる。筆者が『鳥獣戯画』を「見る」だけでなく、絵には書かれていない台詞や状況、息遣いなどを想像・解釈することを「『鳥獣戯画』を『読む』」と表現したと考えられる。「見る」と「読む」の違いへの気づきは、説明文の授業に深まりをもたらすものとなるだろう。

Chromebook 活用のポイント

●ネット検索で、高畑氏の表現の秘密に迫る

辞典類の活用を見据えて、以下の電子辞書版の記述をよりどころにネット検索で、「見る」と「読む」の違いを調べる。

	精選版日本国語大辞典（2006年）	広辞苑第七版（2018年）
見る	目によって物の外見、内容などを知る。また、それをもとにして考えたり判断したりする。	自分の目で実際に確かめる。転じて、自分の判断で処理する意。
読む	文章など書かれた文字を<u>たどって見ていく</u>。また、文章・書物などを見て、そこに書かれている<u>意味や内容を理解する</u>。（眼前の事物・行為を見て、その将来を推察したり、隠された意味などを察知したりする意にもいう）	文字・文書を見て、<u>意味をといて行く</u>。（内面に隠れていることやこれから起きることなどを推しはかって知る。推察する。見通す。）

● Jamboard で本文にあった題名ベスト３を決める

上述の特性から、あらかじめ教師が題名「『鳥獣戯画』を読む」の部分を空白にしたら、児童は、本文の内容を踏まえてどのような題名をつけるだろうか。そして、高畑氏の「『鳥獣戯画』を読む」という題名を知ったらどのように反応するだろうか。この時に生まれる「なぜ、『「鳥獣戯画」を読む』であるのか？」という問いは、より豊かに説明文を読むための重要な原動力

になる。児童が〈読み手〉や〈書き手〉の立場を往還しながら，文章に立ち向かうことで，どのような新たな読みが開かれるのか興味深いところである。

　具体的には，Jamboard の付箋に自分なりの題名を書き，全体共有することで，それぞれを比較し，協議するなかで，学級代表ベスト３を決める。デジタル教科書を使用する場合，色付きの四角形（図形）を題名の上に貼り付けるとよい。

　Jamboard の活用は，個の考え→小集団での交流→全体での交流という過程それぞれで目的が変わる。(1)児童が自分の考えを書き込む，(2)小集団（３～４名）でタブレットを見せ合いながら交流する，(3)全体交流での内容を共有する等である。また，展開２では，教師が示す「よくない例文」を準備し，その文章を画像として Jamboard の背景に設定しておくと，児童がスタイラスペンで直接「よくない例文」に赤入れすることができる。

●ドキュメント＋スライドを使って，自分の解釈を発表する

　ドキュメント上部に選んだ場面の画像を挿入しておくことで，絵を見ながら紹介内容を練り上げることができる。また，書いた文章の下に，「書き上げての感想」を書く欄を設けてもよい。またコメント機能を用いて交流することも可能である。

　なお，本稿では授業プランに挙げていないが，児童が作成した紹介文を原稿にして，スライドに紹介する絵（画像）を挿入し，強調して伝えたいメッセージなどをテキストボックスに書き加えることで，「私の解釈を発表しよう」というプレゼンテーションに展開することができる。

注(1)　髙橋達哉・正木友則「説明的文章の批判的読みを促す授業構想の工夫―『「鳥獣戯画」を読む』（小学６年）の実践を通して―」国語教育探究の会編『国語教育探究　第29号』（国語教育探究の会，2016年），pp.58-67

注(2)　本実践プランの単元は，執筆者である髙橋達哉氏の了解を得て，石丸憲一編東京・国語教育探究の会著『小学校国語科　考えの形成を促す説明文の発問・交流モデル』（明治図書，2020年）pp.106-111所収の実践モデルに基づき設計している。

単元指導計画（全7時間）

単元目標　◎読み手を引きつけ説得力を高める表現について理解するとともに，その表現を生かして『鳥獣戯画』を紹介する文章を書くことができる。

次	時	○学習活動	● Chromebook の活用
一	1	○本文を読む前に，『鳥獣戯画』の相撲の場面の絵を見て感じたことを書く。	●【Jamboard】『鳥獣戯画』の画像を背景に貼り付け感じたことを書き込む。
二	2	○本文を読む前後で『鳥獣戯画』に対する見方がどう変化したのか理由と合わせて考える。	●【Jamboard】付箋に考えや理由を書き，読む前後の変化を対比的にまとめる。
二	3	○本文内容を絵の解説部分と筆者の解釈・評価を分けて捉え，筆者のものの見方について考える。	●【Jamboard】付箋（前：ピンク色，後：水色）に書き，変化を対比的にまとめる。
二	4	○「はじめ」「なか」の段落における筆者の説明の工夫について考える。	●【Jamboard】筆者の工夫を付箋に書き，まとめる。
二	5	○「おわり」の段落における筆者の説明の工夫について考える。筆者の主張に対する自分の考えをもつ。	●【Jamboard】筆者の工夫を付箋に書き，まとめる。 ●【ドキュメント】筆者の主張に対する自分の考えを書く。
三	6	○『鳥獣戯画』の他の場面を紹介する文章を書く。	●【ドキュメント】紹介する文章を書く。
三	7	○書いた文章を読み合い，お互いの文章の表現のよさや工夫について話し合う。	●【ドキュメント】共有した文章に「コメント」をつける。感想を交流する。

＊上の単元指導計画は前掲書(2)を基に設計している。

展開1（5／7時）

本時の目標　○筆者が工夫したと考えられる表現の意図や効果について考え，その表現のよさを理解することができる。

○学習活動	・留意点　● Chromebook の活用
○本時のめあてを確認する。 　高畑さんの説明の工夫を学ぼう。 ○「これまで『「相撲をとっている」というのは事実か意見か』や『断定的な文末表現』などについて考えてきました。」 ●筆者の説明の工夫を整理する。 　「普通の説明文とは違って，筆者が工夫しているところを挙げてみましょう。」 　・書き出しの工夫　・断定する 　・繰り返し　　　　・体言止め 　・読者への呼びかけ　　　など。 ●教師の示す文章に赤を入れて，筆者の工夫のよさについて考える。 　「今から私（教師）が書いた文章を見せます。出来栄えはいかがしょうか。」 ○次時の予告をする。 　「筆者の工夫を使って，『鳥獣戯画』の紹介をしましょう。」	・一般的な説明文（児童にわかりやすく「普通の説明文」としてもよい）との違いに気づかせたい。 ・「相撲なのか喧嘩なのか考えが分かれそうだから意見だった」「意見だが，断定的に書くことで説得力が増す」「高畑さんはアニメ製作のプロだから」という発言を引き出し，「筆者の解釈であること」を確認する。 ●【Jamboard】①児童が個別のホワイトボード上で付箋に書き込む。②小集団（3〜4名）でタブレットを見せ合いながら交流する。 ●【Jamboard】全体共有の画面をプロジェクターに映す。スタイラスペンで気づいたことを書き込む（筆者の説明の工夫を使っていない文章をあらかじめ準備しておく）。 ●【Jamboard】筆者の工夫とよさについてまとめる。

＊上の指導計画は前掲書[(2)]を基に設計している。

展開１の詳細・解説

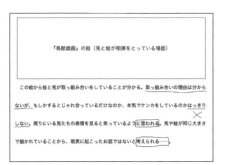

左図は教師の書いた「よくない例文」である。この文章は，授業で整理した「筆者の工夫」を用いずにあえて淡々とさせている。教師が「この文章でいいですよね？」とゆさぶりをかけ，児童が「よくない。なぜなら……だから」という発言を引き出すことにねらいがある。発言内の理由の部分に気づかせたい「筆者の工夫のよさ（効果）」が関わる。ドキュメントで作成した文章をスクリーンショットで撮影し，画像として Jamboard の背景に設定しておく。児童がスタイラスペンを用いて，教師の書いた文章に手書きで赤を入れ，気づきをメモすることができるようにするとよい。教材本文を読むことを通して，獲得した筆者の工夫と，〈読み手〉の立場から再度，筆者の工夫のよさ（効果）について考えることができる。こうした学習を通して整理したのが下図である。

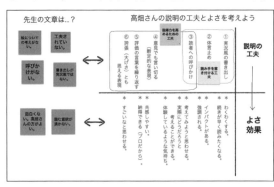

筆者の工夫とよさ（効果）について，児童が紹介文を書くときに，「上手に書くためのポイント」として参照するができるように，Jamboard に整理しておく。Jamboard には「縦書き」の設定がないため，板書の枠組みを他のソフトを活用して作成する，もしくはスタイラスペンで直接書くことで対応したい。

展開2（6／7時）

本時の目標　○筆者に学んだ説明の工夫を生かして，自分が選んだ『鳥獣戯画』の場面（絵）を紹介する文章を書くことができる。

○学習活動	・留意点　● Chromebook の活用
○本時のめあてを確認する。 高畑さんの説明の工夫を生かし，『鳥獣戯画』の別の場面をしょうかいする文章を書こう。 ●これまでの学習を通して整理してきた筆者の説明の工夫を振り返る。 「前回の授業で整理した高畑さんの説明の工夫やよさを挙げましょう。」 ・大きく「読み手を引きつけるための工夫」と「説得力を高めるための工夫」に整理しておく。	●【Jamboard】これまでに学習してきたことは Jamboard に蓄積している。これまでの学習を振り返りながら，筆者の説明の工夫やよさを確認する。 ●【Jamboard】前回の授業で学習した筆者の工夫とよさを，文章作成の「こつ」として Jamboard に整理したものを，プロジェクターで映しておく。
●『鳥獣戯画』の二つの場面から選び，紹介する文章を書く。 　A　兎と猿と鹿が水遊びをする場面 　B　兎と蛙が猿を追いかける場面 ※この時，教師の解釈が児童に影響を与えないように，絵の名前をAとBとしておくことが望ましい。 ○次時の予告をする。	●【ドキュメント】ドキュメント上部に選んだ場面の画像（またはイラスト）を挿入しておく。 ●【ドキュメント】書いた文章の下に，「書き上げての感想」を書く欄を設けてもよい。またコメント機能を用いて交流することも可能である。 ・AとBの絵は，デジタル教科書の資料を活用するとよい。

＊上の単元指導計画は前掲書[2]を基に設計している。

展開2の詳細・解説

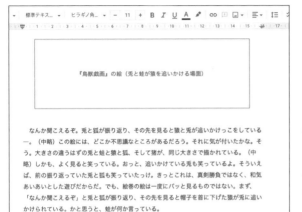

左の画面は，児童が選んだ『鳥獣戯画』の絵（兎と蛙が猿を追いかける場面）について紹介したドキュメントである。児童が文章作成を開始する際に，ドキュメントの上部タブで，「挿入」→「画像」→「ドライブ」を選択し，絵と合わせた形で紹介の文章を完成させることができる（AとBの絵はデジタル教科書の資料を活用することができる。また，〈検索〉することで，『鳥獣人物戯画』を所蔵する栂尾山高山寺のホームページを調べてもよい）。

文章が完成したら，コメント機能を活用し，児童同士でのフィードバックを受けることができる。同様に，Classroomでレポートを提出させ，教師がコメントを書くことも可能である。

下の画面では，児童の書いた文章のみを例示しているが，下部に児童が文章を書くうえで困ったことや質問したいこと，書き上げた感想等を書くことで，教師（や他の児童）とフィードバックを交わすことも可能である。

【著者紹介】（＊は執筆担当箇所）

石丸　憲一（いしまる　けんいち）
　兵庫教育大学大学院修了。静岡県公立小学校教諭として勤務の後、創価大学教育学部准教授等を経て、現在、創価大学大学院教職研究科教授。
主な著書　『小学校国語科　「考えの形成」を促す文学の発問・交流モデル』、『小学校国語科「考えの形成」を促す説明文の発問・交流モデル』、『道徳科授業サポートBOOKS　ルーブリック評価を取り入れた道徳科授業のアクティブラーニング』（いずれも明治図書）など。
＊CHAPTER 1　1・3，CHAPTER 2，CHAPTER 3　2，3　pp.86-109, 142-149

正木　友則（まさき　とものり）
　広島大学大学院修了。博士（教育学）。帝京平成大学助教等を経て、現在、奈良学園大学人間教育学部准教授。
主な著書　『アクティブ・ラーニングで授業を変える！「判断のしかけ」を取り入れた小学校国語科の学習課題48』（明治図書）など。
＊CHAPTER 1　4，CHAPTER 3　3　pp.110-141, 150-165

上山　伸幸（うえやま　のぶゆき）
　広島大学大学院修了。博士（教育学）。中国学園大学子ども学部講師等を経て、現在、創価大学教育学部准教授。
主な著書　『対話力がぐんぐん伸びる！文字化資料・振り返り活動でつくる小学校国語科「話し合い」の授業』（明治図書）、『小学校国語科における話し合い学習指導論の構築—メタ認知を促す授業とカリキュラムの開発をめざして—』（渓水社）など。
＊CHAPTER 1　2，CHAPTER 3　1，3　pp.110-125

Chromebookでつくる小学校国語の授業

2021年10月初版第1刷刊　Ⓒ著　者　石　丸　憲　一
2022年11月初版第2刷刊　　　　　　正　木　友　則
　　　　　　　　　　　　　　　　　上　山　伸　幸
　　　　　　　　　　　発行者　藤　原　光　政
　　　　　　　　　　　発行所　明治図書出版株式会社
　　　　　　　　　　　http://www.meijitosho.co.jp
　　　　　　　　　　　（企画）木山麻衣子（校正）丹治梨奈
　　　　　　　　　　　〒114-0023　東京都北区滝野川7-46-1
　　　　　　　　　　　振替00160-5-151318　電話03（5907）6702
　　　　　　　　　　　ご注文窓口　電話03（5907）6668
＊検印省略　　　　　　　　組版所　長野印刷商工株式会社

Printed in Japan　　　　　　ISBN978-4-18-342814-1
もれなくクーポンがもらえる！読者アンケートはこちらから　→